Voyager à Travers les Mondes Parallèles pour Atteindre vos Rêves

Kevin L. Michel

Traduit de l'anglais (États-Unis) par Yann Roirand
Titre de l'édition originale :
Moving Through Parallel Worlds To Achieve Your Dreams

Adaptation en Français, supervision de la relecture, couverture et mise-en-page
par Yann Roirand

Gestion des illustrations par Kevin L. Michel et Yann Roirand

Photographie sur la couverture par Anaïs Girard

Yann Roirand – y.roirand@gmail.com

Voyager à Travers les Mondes Parallèles pour Atteindre vos Rêves
Édition Française II.xi - 2014

Voyager à Travers les Mondes Parallèles pour Atteindre vos Rêves

VOYAGER à travers les MONDES PARALLÈLES pour ATTEINDRE vos Rêves

Kevin L. MICHEL

traduit de l'anglais par Yann ROIRAND

Kevin L. Michel

Édité par : Yann Roirand & Kevin Michel.

REMERCIEMENTS

Kevin L. Michel

Je dédie ce livre à vous, cher lecteur(trice), ainsi qu'à la mémoire du grand physicien Hugh Everett III.

Yann Roirand

Je tiens à remercier chaudement tous ceux qui m'ont soutenu tout au long de ce projet, sans qui ce livre n'aurait pu se concrétiser.

Mille mercis à Josiane Fumeron, Robert et Jacqueline Ruiz, Claude Ruiz, Magali Ricard, Eve Hallam, Alexandre Pron, Françoise Kluge, Béatrice Etienne, David Sferruzza, Franc Martin, Xavier Dusautoir, Sophie Libeau, Tony Levelu, Guy Ruiz, Tarek Main, Anaïs Girard, Sascha Morandi et Kevin Michel.

Je suis profondément touché par votre confiance, patience, fidélité et présence à tous. Je dédie la version française de cet ouvrage à chacun d'entre vous. Merci.

Kevin L. Michel

PRÉFACE

Merci à toi d'avoir eu le courage d'acquérir cet ouvrage qui va au-delà des approches et des façons de penser traditionnelles. J'ai écrit ce livre pour pouvoir avoir un effet positif sur la vie de nombreuses personnes, sans chercher à simplifier mes enseignements à outrance pour autant. Cet ouvrage est technique par endroit, ce qui souligne les origines académiques de bon nombre d'idées qu'il présente. Il t'est dédié, cher lecteur(trice), ainsi qu'à la mémoire du grand physicien Hugh Everett III.

Je tiens à remercier tous les auteurs que je cite dans toutes les pages qui suivent, ainsi que ceux sur lesquels je m'appuie en tant que sources. On peut interpréter Voyager à Travers les Mondes Parallèles pour Atteindre vos Rêves de nombreuses façons. C'est une nouvelle manière de penser, de nouveaux paradigmes, mais également une approche très scientifique et académique à un sujet à composante métaphysique. Cette approche m'a incité à référencer et à citer le travail d'autres auteurs pour vous donner une compréhension plus en profondeur des concepts que je présente. Il serait fort compliqué de transmettre les idées scientifiques contenues dans ce livre dans toutes leur complexité sans se référer à la recherche, aux idées et aux citations des chercheurs à la pointe de domaines tels que la physique quantique, la psychologie, la biologie ou encore l'épigénétique. Je remercie également tous les autres auteurs que j'ai cité pour leur travaux mis à ma disposition dans le cadre du *fair use*. J'ai répertorié dans la bibliographie les livres dont je me suis servi tout au long de cet ouvrage. La présence de ces citations et de références à des expériences et à des études entreprises par des scientifiques ne peut en aucun cas laisser entendre que ces chercheurs sont d'accord avec les idées que je développe entre ces pages.

Je tiens enfin à mentionner tout particulièrement le très grand scientifique Hugh Everett III, auteur d'un essai fantastique et incroyablement précis qui introduisit la communauté de la physique à ce que nous connaissons aujourd'hui sous le nom de : *La Théorie des Mondes Multiples de la Mécanique Quantique*, ou *Théorie d'Everett*. Hugh Everett III vécut du 11 Novembre 1930 au 19 Juillet 1982. Une fois de plus, je ne présuppose pas qu'il approuverait cet ouvrage, car ce livre est plutôt ma façon d'adopter et de célébrer l'énergie et la façon de penser de ce brillant scientifique. Hugh Everett III n'a pas craint d'aller à contre-courant et de défendre ses idées avec ténacité ; ces idées sont nées de l'analyse du monde qui nous entoure ; il se heurta à la résistance du *status quo* mais n'a jamais baissé les bras. J'espère faire honneur à sa mémoire.

SOMMAIRE

Kevin L. Michel

Kevin L. Michel

AVANT-PROPOS

Q ui d'entre nous a vécu toutes les expériences humaines possibles ? Qui a connu un succès si extraordinaire qu'il a reçu le don de répandre la sagesse parmi les hommes ? Cet ouvrage fait converger tous les enseignements que j'ai recueilli parmi les travaux des grands esprits de ces derniers siècles ; ces hommes tellement sages et qui furent témoins de tant de situations. Cet ouvrage présente ma synthèse de ces savoirs de tous ordres.

J'ai découvert l'existence d'un lien entre mon esprit et tous les autres, une connexion spirituelle passant par des regards imprévus, une liaison concrète due a mes recherches dans les vies, les histoires et les observations de penseurs, de scientifiques et de maîtres spirituels. Ce livre a émergé de mon attention à leurs enseignements, de toutes les choses que la vie m'a apprise, de la moindre péripétie tout comme des plus décisifs enseignements pratiques ou spirituels que j'ai vécu. Cela m'a permis de comprendre les implications au long terme de la plus simple expérience scientifique, de percevoir les connexions entre le monde quantique et le monde infime de nos perceptions, et enfin d'entrevoir le futur.

Les concepts exposés dans ce livre me sont apparus comme un torrent rapide, tumultueux, indomptable, balayant tout sur son passage, au cours d'une multitude d'intenses perceptions solitaires. Après avoir passé les douze heures suivantes à retranscrire cette expérience sur mon clavier, j'ai relu ce que j'avais sous les yeux, et je me suis aperçu qu'au lieu d'employer des « Je », j'avais systématiquement écrit « Nous ». Alors que je commençais à remplacer les pluriels par des singuliers, j'ai réalisé que j'étais en train d'être utilisé par le texte plus que je ne le créais, comme si la science et la métaphysique avaient quelque chose à dire, quelque chose à partager, quelque chose à communiquer ; et il m'a semblé que je n'étais que le mystérieux intermédiaire.

Ce livre est pour vous, pour ceux d'entre vous qui êtes sur le devant de la scène, pour les acteurs des changements à venir, pour ceux que l'on envoie sur le front lorsque les conflits éclatent, pour les travailleurs, pour les jeunes rêveurs trop souvent ignorés, pour toi, le(la) jeune diplômé(e). Cet ouvrage est pour tous ceux qui sont perdus ou simplement retardés, marchant sur un chemin inhabituel ou difficile. Ce livre est pour tous ceux qui croient encore en l'avenir mais peinent à trouver leur voie. Ceci est votre guide pour accéder à la transformation, au dépassement de soi et à la force intérieure. Ceci est le début de la maîtrise de votre fortune, de votre créativité et de tous les autres composants du monde matériel. Ce livre est une gomme effaçant les discontinuités inhérentes à la vie de chacun, une passerelle entre la situation dans laquelle vous vous trouvez actuellement et celle à laquelle vous espérez un jour accéder. Cet ouvrage a pour but de vous aligner avec tout ce que vous imaginez ouvert à vous, et même de vous montrer un chemin vers ce que vous pensez être hors de portée. Ce livre va vous aider à vous élever au-dessus de ce qui vous ralentit et à vous rendre compte de la force qui est en vous, la force de vivre dans un monde tel que vous l'imaginez et pourtant bien réel. Les outils et les paradigmes présents dans cet ouvrage vous permettront aussi de réaliser des choses qui vous paraissent peut-être impensables, comme celle de rectifier la trajectoire de votre vie actuelle. Embarquez avec moi pour cette aventure à travers les mondes parallèles !

PARTIE 1

Commencer votre Aventure à Travers les Mondes Parallèles

« La plus grande aventure qui soit

est de vivre la vie dont vous rêvez. »

- Oprah Winfrey

CE LIVRE

C e livre tient autant de la science que de la méditation. C'est autant un guide qu'un ample mantra. Il est académique mais aussi métaphysique. Cet ouvrage va vous apprendre à faire les connexions dans votre propre esprit qui vous permettront d'augmenter votre capacité à satisfaire vos ambitions. Ce livre marque le commencement d'une aventure ; une aventure qui vous emmènera dans de nombreux mondes différents, vous montrera comment accélérer votre évolution personnelle et décuplera votre force.

Ce livre est la clé du voyage entre les mondes parallèles et vous permettra également de garder à vos côtés les éléments que vous préférez dans chacun de ces mondes. En peu de temps, cet ouvrage va vous donner accès à la force inexploitée de votre esprit et de votre âme ; il va vous révéler l'essence même de votre être, cette graine dormante de créateur tout-puissant.

La promesse de ce livre est que si vous vous investissez à le comprendre, que vous en tirez quelque chose et que vous en appliquez les préceptes, vous recevrez la clé du voyage entre les mondes parallèles qui vous permettra d'arriver jusqu'au Monde Parallèle Idéal de votre choix. Ne vous alarmez pas si l'aspect scientifique de certaines des pages à venir paraît trop complexe à première vue. En effet, un certain nombre d'informations que cet ouvrage renferme, particulièrement celles qui touchent à la physique quantique, vont à l'encontre de la façon dont le monde est majoritairement perçu de nos jours. Du reste, si ces idées étaient simples à assimiler, tout le monde en aurait déjà fait ainsi, et cela annulerait le gain potentiel pouvant découler de la lecture de cet œuvre, qui deviendrait de la sorte inutile.

Qu'est-ce qu'un Monde Parallèle ?

Les notions et termes *monde parallèle* et *univers parallèle* sont d'ores et déjà ancrées dans notre culture moderne. Dans ce livre, le choix fut porté sur *monde* de sorte que la totalité des mondes parallèles d'un être humain forment son univers. Un monde parallèle est une entité faisant partie d'une infinité de structures physiques non communicantes qui forment un univers parallèle. Cela représente, chez un individu, la totalité de sa conscience et de son existence.

Pour mieux comprendre les implications de ce concept d'univers parallèle, penchons-nous un instant sur la mécanique quantique. Les particules quantiques existent dans un état de *superposition*[D1] quantique. Le système de mondes parallèles a de nombreux points communs avec cette superposition quantique, dont le rôle de la conscience de l'individu et le procédé de *réduction du paquet d'onde*[D2]. Certains des termes énoncés dans ce paragraphe réapparaissent à maintes reprises dans les pages qui suivent ; voici leurs définitions suivies de plus d'information sur les *mondes parallèles* dans un langage moins technique.

D1 : Superposition

1. Il y a superposition lorsqu'une particule, un objet ou un monde existe à plus d'un endroit à la fois.

-La *superposition* peut être observée sur des particules quantiques lors de l'expérience des *fentes de Young*.

2. Il y a superposition lorsqu'une particule, un objet ou un monde existe simultanément à l'état d'onde et à l'état de particule.

-Par exemple, si vous êtes assis dans votre chambre à lire ces pages à votre bureau, et que vous êtes simultanément dans la maison de vos rêves, cinquante kilomètres plus loin, à lire ces mêmes pages, alors il y a superposition. Le fait d'être à la fois à deux endroits ou plus, est une superposition.

D2 : Réduction du paquet d'onde

1. La réduction du paquet d'onde est le procédé par lequel une particule, un objet ou un monde passe d'un état de vagues de positions potentielles à une seule position concrète. Ce procédé est également appelé la *décohérence* en mécanique quantique.

2. La réduction du paquet d'onde est le procédé par lequel une réalité passe d'une infinité de possibilités et de probabilités à la seule et l'unique réalité observée.

3. La réduction du paquet d'onde est le passage d'un état de superposition à une position unique.

Revenons à nos *mondes parallèles* ; ces mondes entre lesquels il est possible de voyager existent au sens physique du terme, comme décrit dans la « Théorie des Mondes Multiples de la Mécanique Quantique » et/ou existent seulement dans l'esprit de l'individu qu'ils concernent, comme décrit dans « l'Interprétation des Esprits Multiples de la Mécanique Quantique ». Les mondes parallèles présentés ici peuvent en théorie être testés scientifiquement, bien que de tels tests n'aient à ce jour pas encore été conçus par les physiciens travaillant dans ce domaine. Cette absence de tests adaptés n'a cependant aucun effet sur l'ambition d'un individu décidé à atteindre ses rêves en voyageant à travers les mondes parallèles.

Ce livre s'adresse à tous, que vous vous trouviez au milieu d'une carrière fastidieuse, dénuée d'intérêt et agrémentée d'un salaire médiocre, ou que, en tant que jeune diplômé, le Bac en poche ou sortant tout juste de l'Université, vos premiers pas sur le chemin de la vie active vous laissent le sentiment de n'avoir peut-être pas choisi le bon chemin.

Quoi qu'il en soit, ne laissez pas le manque d'appui scientifique vous décourager ; si, en lisant et en appliquant les concepts de cet ouvrage, vous en arrivez à gagner des millions par an, que vous achetez la maison dont vous rêvez, que vous épousez la personne dont vous rêvez, et que vous menez la carrière à laquelle vous aspirez, j'imagine qu'un débat sur la sémantique, les définitions et les problèmes liés à la démonstration des lois de la mécanique quantique serait bien le moindre de vos soucis.

Serait-ce alors important de savoir et de déterminer précisé-
ment si vous goûtez au succès dans un monde parallèle, ou bien
plutôt dans le monde qui vous a vu naître ? L'idée sur laquelle
le concept de mondes parallèles repose est que vous vivez en ce
moment une existence ordinaire et que l'application des notions de
ce livre vous permettra de passer de ce plan d'existence à une vie
qui est dans le prolongement de vos rêves. Cela même constitue
un voyage à travers les mondes parallèles ; et comme nous allons
le voir, c'est également un mouvement au sens littéral du terme.

LE LANGAGE DE CE LIVRE

À plusieurs reprises, cet ouvrage sera amené à décrire des
procédés de manière métaphysique, autrement dit spirituelle,
céleste, qui a trait aux esprits, au commencement, à Dieu ou à un
dieu, à l'intelligence omniprésente, à la matrice de l'univers, à de
nombreux autres termes et concepts qui vous concernent peut-
être, ou peut-être pas. Je conçois tout-à-fait que certains d'entre
vous n'auront aucun mal à accepter ces notions et se sentiront
directement à l'aise, alors que d'autres – comme les agnostiques
et les athées – ne pourront en faire autant aussi facilement. Cela
ne n'affectera en aucun cas les résultats ; vous atteindrez ce que
vous recherchez quelle que soit votre capacité à assimiler les
instructions contenant des références théologiques. Si les termes
spirituels ne vous parlent pas et que vous ne pouvez les accepter
en les lisant littéralement, je vous demande de les comprendre
comme des métaphores tout le long de votre lecture ; leur effet en
sera inchangé.

Je n'ai aucune révélation quant à la vie avant qu'elle n'atteigne la terre et aucune connaissance quant à son statut une fois qu'elle l'aura quittée ; les mots qui couvrent ces pages découlent de ce que j'ai vécu en tant qu'être humain. S'il s'y trouve inscrit « restez fort en votre esprit » mais que vous ne croyez pas au concept de l'*esprit*, comprenez ce mot comme votre énergie, votre épicentre, votre inconscient, ou tout autre concept qui vous parle davantage. J'ai eu l'occasion de voir de nombreux non-croyants tirer parti d'enseignements spirituels malgré leur absence de foi envers les théologies correspondantes. Imaginez-vous, assoiffé en plein milieu d'un désert ; un homme survient et vous tend un verre d'eau, mais lui donne un nom curieux ; le corrigeriez-vous ? L'eau aura le même effet sur vous, qu'importe la façon dont on l'annonce.

À l'inverse, cet ouvrage est également riche en références scientifiques, dont certaines ne feront pas l'unanimité chez les fidèles. Si par exemple, j'affirme que des études géologiques démontrent que la terre est âgée de plus de quatre milliards d'années alors que les préceptes que vous suivez la disent bien plus jeune que cela, placez alors votre propre idée de l'âge de la terre au cœur de la théorie ; ignorez-en les détails mais efforcez-vous de saisir l'essence de l'enseignement.

J'admets que ce livre ait des chances d'épuiser les croyants comme les agnostiques du fait de son approche qui force à examiner tour-à-tour les détails spécifiques puis les concepts globaux, mais également parce que son intention est d'impliquer le conscient ainsi que l'inconscient.

Vous souvenez-vous des heures de notre enfance passées à examiner les livres d'autostéréogrammes, ces albums remplis d'images qu'il fallait fixer de près jusqu'à ce que le fond vous saute aux yeux, révélant un objet en trois dimensions, une vue d'ensemble inattendue, colorée et captivante ? De la même manière, l'enseignement de cet ouvrage va vous apparaître après avoir plongé en son cœur. Notre condition humaine requiert l'obscurcissement d'une partie des vérités de ce monde, et ce sont ces vérités-mêmes, oubliées depuis si longtemps, que cet ouvrage va vous dévoiler. Ces vérités renferment la force de dépasser l'état physique et d'atteindre une vie à la hauteur de votre profondeur spirituelle (cette phrase est un bon entraînement pour interpréter les termes métaphysiques ou mystiques de façon plus terre-à-terre au besoin).

Cet ouvrage montrera une vérité bien spécifique et distincte à chacun d'entre vous, comme une page qui présenterait une image différente à chaque lecteur, avec néanmoins le même potentiel pour réaliser de grandes choses pour tous.

Tout comme pour l'hypnose, cet ouvrage ne s'ouvrira à vous que si vous vous ouvrez à lui. C'est à vous de décider ce que vous en retiendrez, mais assimilé de façon holistique, il contribuera à la découverte de votre force et à votre évolution. Cette dernière accroîtra votre créativité et la facilité avec laquelle vous concrétisez le monde de votre imagination. Vous pourrez alors commencer à vous aligner avec ce que nous appellerons votre Monde Parallèle Idéal (MPI).

Ce livre va vous montrer comment prendre en main la direction de votre vie et en infléchir la trajectoire. Tout d'abord, je vais vous guider au long des rigoureux paragraphes scientifiques, tout en vous expliquant l'importance de cette Science, puis nous explorerons les deux solides piliers du voyage à travers les mondes parallèles :

I. La Force du Subconscient
II. La Mentalité MPI

Ces deux piliers vous permettront de prendre les rênes de votre voyage à travers les mondes parallèles. Enfin, nous aborderons la *Chronologie du Succès*.

En insistant vivement, je vous engage une fois de plus à lire ces pages sans hésiter, tout particulièrement celles qui contiennent des explications scientifiques. Même si tout ne paraît pas clair après une première lecture, vous serez amené à retrouver ces sujets quelque peu abstraits au fil des pages et au fur et à mesure de la progression de votre lecture, votre esprit fera la mise au point puis la synthèse. C'est à la fin de cette exploration que vous aurez acquis la connaissance nécessaire à la concrétisation de vos souhaits les plus chers. Lisez cet ouvrage en entier, ou bien ne le lisez pas du tout. Lisez tout, ou bien abandonnez maintenant car ce serait perdre votre temps. Imprégnez-vous au long de votre lecture des expériences scientifiques, des théories et des concepts les plus pointus de cet ouvrage dans lesquels nous sommes sur le point de nous enfoncer. Bon voyage !

« *Un sçavoir médiocre est une chose dangereuse :*
Il faut boire à pleine coupe à la fontaine d'Hypocrene,
Ou n'y point boire du tout ;
De petits coups brouillent le cerveau,
& la raison ne revient qu'en buvant à grands traits. »
- Alexander Pope

Activité #1 :

1. Fermez les yeux.

2. Prenez le contrôle de votre respiration.

3. Prenez plusieurs inspirations profondes et concentrez-vous sur chacune d'entre elles.

4. Pensez au fait que vous lisez ce livre pour grandir, apprendre, évoluer, devenir plus fort, vous inspirer, et atteindre vos rêves.

5. Fixez-vous l'objectif de lire ce livre, d'y trouver les informations qui vous correspondent personnellement, celles qui vous permettront d'atteindre un de vos objectifs.

6. Demandez-vous : Est-ce que l'observateur peut influencer ce qu'il observe ? Est-il possible que deux lecteurs du même livre y trouvent des sens complètement différents l'un de l'autre ? Si vous répondez oui avec une certaine retenue, alors dites-vous qu'entre ces pages se trouve une idée dont la création dépend de votre lecture de cette œuvre tout entière. Contemplez le fait que vous devez décider maintenant de cette inspiration, que vous devez dès à présent avoir la détermination d'aller saisir cette idée lors de votre aventure. En cas d'échec, si votre idée ne s'est pas concrétisée avec succès, vous risquez

de manquer le sens profond de cette expérience.

Si un seul et même livre peut avoir plusieurs significations selon son lecteur, alors ce livre est en fait créé page après page dans l'esprit même du lecteur au fur et à mesure de sa lecture, puis de nouveau, mais toujours différemment, pour chaque nouveau lecteur ; vous êtres le co-créateur de ce livre. Je vous en remercie et vous demande de décider à l'avance de ce que vous comptez y trouver. J'applaudis au passage votre faculté à lire les yeux fermés, c'est très impressionnant.

En tant que co-créateur, n'hésitez pas à m'envoyer un e-mail à l'adresse ci-dessous :
KevinLMichel@gmail.com

J'apprécie toute pensée, histoire, critique ou observation que vous aimeriez partager et que j'envisagerai d'intégrer dans la prochaine édition de cet ouvrage, avec votre accord.

Kevin L. Michel

PARTIE 2

La Mécanique Quantique et la Science des Mondes Parallèles

« L'esprit, une fois élargi par une idée nouvelle,

ne peut retourner à sa dimension de départ. »

- Ralph Waldo Emerson

La Physique Quantique examine les éléments les plus infimes qui composent la matière. Afin de comprendre comment Voyager à Travers les Mondes Parallèles, nous devons tout d'abord nous pencher sur une expérience de la Physique Quantique appelée les *Fentes de Young*, puis nous étudierons la *Théorie des Mondes Multiples de la Mécanique Quantique*.

LES FENTES DE YOUNG

L'expérience des fentes de Young est une des premières marches de l'escalier qui mène aux mondes parallèles. Sa conclusion étendra votre horizon et servira également à tester votre crédulité. Cet élargissement de l'esprit est l'effet escompté et la raison pour laquelle je vous présente cette expérience en particulier ; sa conclusion a fait voler en éclat bon nombre de mes suppositions et en fera sûrement de même des vôtres. Mais tout d'abord, examinons cette expérience sous sa forme la plus basique, exécutée par Thomas Young dans les années 1800.

Voici les étapes suivies par Young :

1. Placer une pellicule photosensible non-loin derrière un plan opaque.

2. Envoyer un rayon de lumière constant à travers deux fines fentes percées dans ce plan.

Cette configuration permet à la lumière de traverser les fentes puis d'inscrire le motif qui résulte de son interaction avec celles-ci sur la pellicule.

Ce que nous pouvons observer sur la pellicule à la fin de cette expérience, c'est une alternance de bandes sombres et claires, communément appelées *franges d'interférence*.

Figure 1 : Les deux fentes et les franges d'interférence.
Image appartenant à : Jean-Christophe Benoist.

Pour mieux comprendre ces franges d'interférence, imaginez que nous ayons utilisé de l'eau plutôt que de la lumière pour cette expérience. Si le plan percé de deux fentes avait été perpendiculaire à la surface d'une étendue d'eau calme et qu'une vague passait au travers des deux fentes, alors les deux ondes qui résulteraient de cette interaction de l'autre côté du plan interféreraient l'une avec l'autre. Certaines des ondulations seraient amplifiées, et certaines se retrouveraient diminuées. Ces franges d'interférence sont un arrangement de crêtes et de creux. Il est possible de calculer l'emplacement exact de chaque crête et de chaque creux, cet arrangement est donc mathématiquement prévisible. Une onde passant au travers de deux fentes dans une configuration similaire produira systématiquement des franges d'interférence comparables à celles exposées plus haut et celles ci-dessous. Jusque-là, tout va bien, n'est-ce-pas ☺ ?

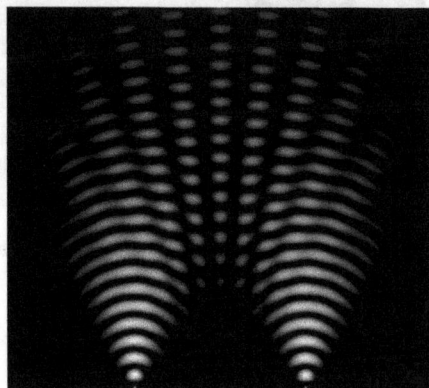

Figure 2 : Avec les vagues, les franges d'interférence se forment au-dessus de la surface. Les deux fentes se trouvent en bas sur l'image ci-dessus.

Figure 3 : Les franges d'interférence se forment en haut de l'image, les deux fentes sont en bas. Image par : Timm Weitkamp (CC BY 3.0 DE.).

Allons maintenant un petit peu plus loin. Penchons-nous donc sur ce qui découla de l'expérience de Thomas Young. Pendant le 20ème Siècle, les contemporains du docteur Young ont examiné ce qui se passait lorsque de la matière, comme des électrons, des atomes ou des molécules, était envoyée au travers des deux fentes.

Posons-nous alors la question suivante : Quel motif apparaîtra si des particules solides (comme les électrons[D3]) sont projetées à travers les deux fentes ?

D3 - Un électron est une particule élémentaire jouant un rôle clé au cœur de toute matière physique.

Imaginez les électrons comme de minuscules billes qui sont projetées au travers de ces fentes, butent contre l'écran placé derrière celles-ci et sont enfin collectées dans une fosse en contrebas. L'image qui suit montre la configuration de cette expérience ainsi que les résultats attendus.

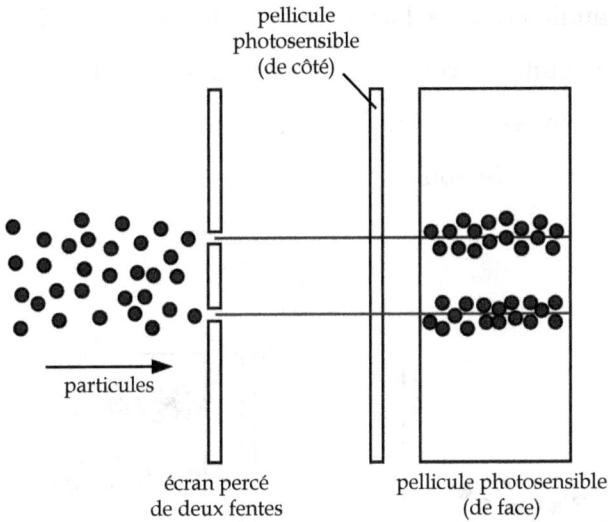

Figure 4 : Configuration de l'expérience des Fentes de Young en utilisant des particules subatomiques et résultats attendus.

Après avoir envoyé les particules subatomiques/électrons (*billes*) pendant un moment, on s'attendrait à voir apparaître deux lignes d'empreintes d'électrons sur l'écran installé derrière les fentes. Ces deux lignes verticales auxquelles on s'attend sur l'écran devraient ressembler aux fentes à travers lesquelles les *billes* sont passées.

Mais au lieu de cela, l'arrangement des marques obtenues sur l'écran à la suite de cette expérience est épars sur le mur en un motif uniforme et régulier. Ce motif caractéristique est représenté sur la figure 5 ci-dessous.

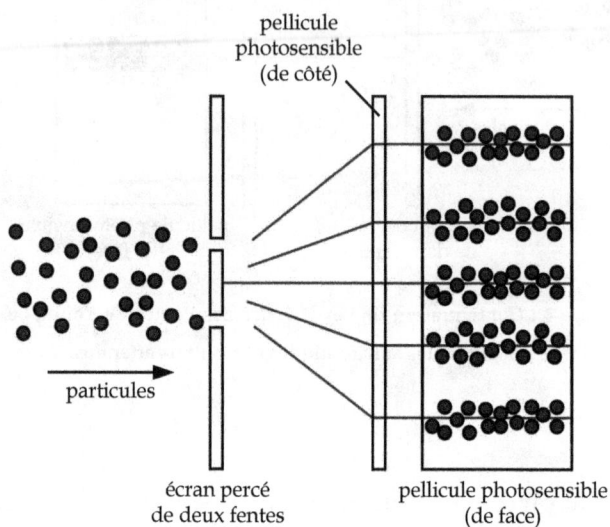

Figure 5 : Envoi de particules subatomiques comme des électrons à travers les Fentes de Young (résultats obtenus).

Les scientifiques furent tout d'abord abasourdis par ces résultats. Il est cependant intéressant de constater que cet arrangement pour le moins inattendu est déjà apparu au cours de votre lecture. En effet, il s'avère qu'envoyer des électrons à travers les Fentes de Young produit des franges d'interférence, ce qui veut dire que ces électrons se comportent comme des ondes ; et cela marche non seulement avec les électrons mais également avec toute autre particule subatomique.

C'est assez étrange, car notre corps ainsi que le reste de la matière qui compose l'univers tout entier est composé de particules subatomiques ; on comprend bien pourquoi c'était quelque peu choquant pour ces scientifiques de se rendre compte que ces particules infimes et pourtant indispensables pouvaient se comporter comme des ondes. Mais ce n'est pas tout, nous venons à peine de plonger dans le monde des paradoxes de la physique quantique.

Les scientifiques ont alors pensé que c'était le fait que les électrons avaient été envoyés en groupe qui avait causé ce résultat inattendu, que les électrons avaient rebondi les uns sur les autres et que c'est cela qui avait entraîné ce comportement caractéristique des ondes. On imagine ces billes minuscules qui s'entrechoquent en émergeant des deux fentes, ce qui aurait peut-être produit des franges d'interférence. Cela semblait improbable, mais afin d'en avoir le cœur net, l'expérience fut modifiée pour prendre ce facteur en compte.

Cette fois-ci, les particules furent envoyées une par une en réglant le canon à électrons de façon à n'émettre une nouvelle particule que lorsque la précédente avait atteint l'écran. Voici la nouvelle configuration après mise à jour :

1. Envoyer une particule à travers les deux fentes.

2. Attendre que cette particule atteigne l'écran.

3. Envoyer la particule suivante.

4. Réitérer plus de dix mille fois.

… et le résultat fut : des franges d'interférence, une fois de plus.

Troublant, n'est-ce pas ? Les particules, même projetées individuellement, créent des franges d'interférence caractéristiques des ondes. L'interprétation de ces résultats est incontestable et va pourtant à l'encontre de l'intuition : d'une façon ou d'une autre, l'unique particule passe par les deux fentes puis interfère avec elle-même pour créer le motif de franges observé. Cette particule s'est retrouvée à deux endroits ou plus en même temps, c'est la seule façon d'expliquer qu'elle ait pu interférer avec elle-même.

Lauréat du Prix Nobel de Physique de 1922, Dr Niels Bohr, physicien danois, affirma :

« Quiconque n'est pas choqué par la théorie quantique ne la comprend pas. »

L'expérience des Fentes de Young est l'une des expériences les plus répétées, vérifiées et revérifiées de la physique quantique. Lorsqu'ils y sont confrontés pour la première fois, maints étudiants tentent de *rationaliser* cette déraison quantique, et il en va de même de nombreux scientifiques ; et pourtant cela fait maintenant près d'un siècle que les résultats de l'expérience, bien qu'obtenus par les uns et les autres dans des conditions différentes, sont constants.

Je vous félicite pour la détermination dont vous avez fait preuve au cours de notre découverte de la physique quantique jusqu'à présent, mais la singularité de la physique quantique ne s'arrête pas là.

Activité #2 :

1. Prenez une feuille d'essuie-tout ou tout autre type de matériel de nettoyage absorbant.

2. Lisez le reste de ce chapitre.

3. Nettoyez les petits bouts de votre cortex collés au plafond.

Continuons : Vous venez tout juste de terminer une expérience quantique et vous en avez conclu que chaque particule, envoyée séparément, arrivait pourtant à passer par les deux fentes afin d'interférer avec elle-même. Mais, comme tout scientifique, cela ne vous suffit pas. Vous vous préparez donc à réitérer cette expérience, cette fois avec un capteur affecté à chacune des fentes. De cette façon, vous saurez exactement si chaque particule passe par la fente un ou par la fente deux (ou encore par chacune d'elles, bien évidemment). Vous démarrez ensuite cette nouvelle expérience.

Qu'a-t-il bien pu être observé sur l'écran contre lequel les particules sont venues buter à la fin de cette expérience, alors qu'on examinait les fentes de près ?

Et bien, contre toute attente, aucune frange d'interférence. Le résultat de cette expérience, lorsqu'on observe ce qu'il se passe au niveau des fentes, est deux bandes d'empreintes dans la continuité de ces deux fentes.

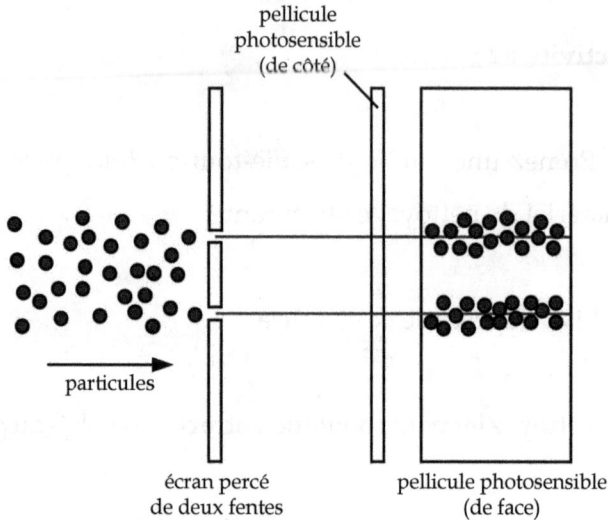

Figure 6 : Résultat de l'expérience lorsque les fentes sont surveillées. Les particules se comportent *normalement*.

Curieusement, les électrons semblent modifier leur comportement lorsqu'ils sont observés, et se sont cette fois comportés... *normalement*. :-/

Vous devez mieux comprendre à présent la raison pour laquelle cette expérience à été si souvent reproduite. Libre à vous de chercher une vidéo de cette expérience sur Google®. Tout physicien quantique aura essayé maintes fois de trouver les failles de cette théorie en répétant et en modifiant cette expérience des centaines de fois ; la conclusion, aussi étrange soit-elle, est une fois de plus incontestable :

Les particules élémentaires constituant toute matière se trouvent simultanément à tous les endroits possibles, jusqu'à ce qu'un observateur les force à adopter une seule position spécifique. Tant que cette particule est à plusieurs endroits en même temps, les seules informations quand à son emplacement se résument à une onde de possibilités. Ce casse-tête est connu dans la communauté scientifique sous le nom de *problème de la mesure.*

> Voici une citation d'un autre physicien également Lauréat du Prix Nobel, Werner Heisenberg, qui résume bien le paragraphe ci-dessus :
> *« Les atomes, ou particules élémentaires, ne sont pas réels en soi ; ils forment un monde de potentiels et de possibilités plutôt que de choses et de faits. »*

Les expériences se sont poursuivies avec des particules de plus en plus grandes, toutes concernées par la *superposition,* cet état consistant à être à plusieurs endroits en même temps. Le fait que les particules peuvent exister simultanément à plus d'un seul emplacement n'est pas uniquement un simple concept théorique, il est d'une grande pertinence pour le calcul quantique. Il se trouve en effet au cœur même de ce domaine à un stade précoce de développement qui dépend de l'application concrète de cette théorie.

Il en découle que les particules qui composent notre corps même ainsi que l'ensemble du monde matériel, obéissant aux mêmes règles, peuvent également se trouver à plusieurs endroits en même temps et peuvent être configurées en un nombre infini d'agencements, jusqu'à ce que l'observation ne les confine à un emplacement spécifique. Les composants de notre monde sont en effet en ce moment mêmes à plusieurs endroits en même temps et existent en tant qu'ondes de possibilités jusqu'à leur observation. Cela va à l'encontre de l'image classique que l'on se fait de la réalité, étant donné que ce que nous voyons autour de nous ce sont des particules, des objets, de la matière se trouvant à un endroit précis, pas à l'état d'ondes de possibilités. Regarder autour de soi, c'est observer ; observer, c'est mesurer, et la mesure entraîne le passage de toute particule d'un état d'onde à l'adoption d'une position fixe. Regarder autour de soi, c'est *réduire le paquet d'onde.*

Nous pouvons aller plus loin et en déduire que l'expérience des fentes de Young montre que la matière, d'une façon ou d'une autre, est consciente d'être observée. Cela découle du changement des résultats lorsque les fentes sont placées sous surveillance. On peut pousser ce raisonnement encore plus loin et voir le monde qui nous entoure comme un amas de potentiels indéterminés, dont nous plaçons une fraction à un emplacement fixé en le tenant dans notre champ de vision. C'est comme si le monde tout entier qui nous entoure jouait constamment à *Un, deux, trois, soleil* avec nous, comme si nous étions les personnages d'une version avancée des Sims®, ou comme si nous vivions dans une sorte d'*Univers Holographique.* Étrange.

« Ce sont des preuves scientifiques cohérentes et convaincantes qui amènent à penser que le seul moment où les [électrons] quantiques apparaissent en tant que particules, c'est lorsqu'ils sont observés. Lorsqu'un électron n'est pas observé, il est toujours à l'état d'onde. »

- Michael Talbot, L'Univers est un Hologramme

CURIEUSE RÉALITÉ

Le monde qui nous entoure continue à paraître de plus en plus curieux au fur et à mesure de notre exploration de la physique quantique. Évaluer la singularité du monde tout en continuant à agir dans ce qui constitue à présent la réalité, sera la pierre angulaire du changement de cap de votre vie, pour passer de l'ordinaire à l'extraordinaire. La capacité de mélanger cette étrangeté cosmique à la pratique et au concret, dans la lignée du Taoïsme, vous permettra de continuer à avancer, pas à pas, à travers les mondes parallèles pour atteindre vos rêves.

La caractéristique de ce monde, bien différent à ce qu'il s'avère de l'image que nous avions de lui, semble cristallisée dans la phrase suivante d'Albert Einstein :
« La réalité n'est qu'une illusion, bien que très tenace. »

La physique quantique nous montre que la réalité est en fait composée intégralement de possibilités et de probabilités. Les prochains instants sont aussi incertains que le futur est mystérieux. Une particule de matière peut se trouver là où on l'attend, tout comme elle peut potentiellement se retrouver à un tout autre endroit au sein du monde matériel. Nos vies sont ainsi faites ; notre lendemain peut se dérouler de façon prévisible, tout comme il peut déroger à la règle et ne pas s'inscrire dans la continuité des attentes de nos proches, mais plutôt dans la continuité de nos propres attentes.

Tout comme les particules peuvent exister en tant qu'ondes de positions possibles, observons l'onde de possibilités du prochain instant de nos vies. Les physiciens quantiques font référence à cet aspect de leur domaine en tant que *fonction d'onde*, et appellent le moment où nous avons conscience du monde qui nous entoure, pendant lequel nous *observons* notre environnement, la *réduction du paquet d'onde*. Tout au long de notre vie, nous évoluons au gré de notre *fonction d'onde* de possibilités, jusqu'à ce que notre prise de conscience interrompe le flux du processus, réduisant le paquet d'ondes et clarifiant notre réalité. Avec tous ces débouchés possibles, qu'est-ce qui détermine si la fonction d'onde de nos vies se cristallisera dans une probabilité plutôt que dans une autre ? La réponse est une des grandes idées que ce livre va vous livrer.

Nous savons que l'observation, c'est-à-dire la prise de conscience, réduit le paquet d'ondes. Dans le cadre de cet ouvrage, nous suivrons l'interprétation de cette réduction du Docteur Hugh Everett III qu'il appelle la *Théorie des Mondes Multiples*. Lorsqu'il y a prise de conscience, il y a division de votre monde. La réduction du paquet d'ondes nous dépose dans un monde spécifique, dans lequel le flux de nos expériences poursuit sa progression. Nous élaborerons sur ce thème dans le chapitre qui suit.

La Théorie des Mondes Multiples
de la Physique Quantique

Nous savons à présent qu'une particule peut exister à deux endroits ou plus simultanément. Dans cet état de positions multiples, cette particule peut avoir des effets à plusieurs endroits en même temps en tant qu'onde de possibilités. La position exacte de cette particule, lors de son observation, est déterminée par la probabilité – la particule peut se retrouver à l'endroit où on l'attend le plus, tout comme elle peut se retrouver à un tout autre endroit au sein de l'univers. En 1926, le physicien et mathématicien germano-britannique Max Born a appelé cela l'*onde de probabilité* ou la *fonction d'onde*, termes que l'on continue d'utiliser aujourd'hui.

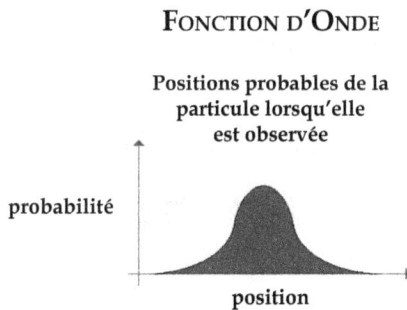

Fonction d'Onde

Positions probables de la
particule lorsqu'elle
est observée

probabilité

position

La particule, comme on l'a vu au cours des chapitres précédents, existe dans un état de superposition (le fait d'être à plus d'un endroit à la fois). Cette existence à l'état d'onde des particules quantiques mêmes qui forment notre monde soulève des problèmes considérables. Si lorsqu'on observe une particule quantique, elle passe soudain d'une existence multiple où elle se trouve simultanément à plusieurs endroits, à une existence unique où elle a une seule position précise, qu'arrive-t-il aux probabilités ou existences de la particule non-concrétisées ? Lorsque nous regardons une particule, elle a des coordonnées définies, mais si nous ne la regardons pas, elle existe à plusieurs endroits en tant qu'onde. Qu'advient-il de ces autres particules potentielles au sein de cette onde de possibilités ?

C'est la question au cœur d'une expérience célèbre du légendaire physicien autrichien Erwin Schrödinger, où le destin d'un chat à l'intérieur d'une boîte dépend de l'emplacement de la matérialisation d'une particule quantique. Selon son emplacement, la particule déclenchera une *bombe* qui entraînera la mort du chat, ou bien neutralisera cette même bombe. Schrödinger suggéra qu'étant donné que la particule se trouve simultanément à l'emplacement engendrant la mort du chat ainsi qu'à celui qui l'épargne jusqu'à ce qu'on observe cette particule quantique, le chat doit également se trouver simultanément mort et vivant jusqu'à ce qu'on ouvre sa boîte. On en retient que la mécanique quantique semble parfois suggérer que deux ou plusieurs événements pourtant contradictoires sont en superposition et se produisent simultanément.

En 1956, préparant alors son doctorat à Princeton, Hugh Everett III écrivit un essai intitulé : *Theory of the Universal Wave Function* (« La Théorie de la Fonction d'Onde Universelle »), décrivant en détail les mathématiques impliquées dans l'observation de l'emplacement d'une particule quantique précédemment dans un état de superposition. Cet essai décrit ce qu'il se passe lorsque notre observation entraîne la réduction du paquet d'ondes à l'unique réalité perçue. L'aspect mathématique de cette théorie amène à une conclusion qui bouleversa l'ordre établi et va encore plus à l'encontre de notre intuition que les notions sur lesquelles nous nous sommes penchés jusque-là, comme nous allons le voir. D'après les calculs du Docteur Everett, lorsqu'une particule se comporte comme si elle se trouvait à plusieurs endroits à la fois, elle n'existe qu'à un endroit au sein de notre monde, mais se trouve par contre à d'autres endroits dans des mondes identiques au nôtre (identiques en tout, sauf en l'impact de cette particule dont l'emplacement diverge). De ce fait, le chat de Schrödinger survit dans un monde, et est mort dans un autre. Dans un monde, vous rassemblez le courage d'aborder la fille/le garçon de vos rêves et vivez heureux pour le restant de vos jours... et dans un autre, non.

Figure 7 : chat de Schrödinger ;
La Théorie des Mondes Multiples,
avec séparation des univers.

En observant ou en agissant sur une particule, quel que soit son emplacement, nous nous voyons transposés dans le monde où cette particule se trouve, à l'emplacement observé. Voici un exemple : Si une particule se trouve simultanément à l'emplacement A ainsi qu'à l'emplacement B, alors il y a chevauchement de deux mondes – le monde A et le monde B. Observer, mesurer ou être conscient de la particule à l'emplacement A entraîne la transposition de l'observateur dans le monde A exclusivement, et referme la porte lui permettant d'accéder au monde B. Le monde se divise en copies quasiment identiques chaque fois qu'il y a mesure ou observation – c'est-à-dire prise de conscience – d'un élément quantique. De ce fait, chaque fois que nous regardons autour de nous et que nous observons le monde matériel, composé d'éléments quantiques, nous divisons la réalité en de multiples chemins et trajectoires. Métaphoriquement comme littéralement, notre conscience et notre circonspection, ce qui englobe nos choix et ce sur quoi nous portons notre attention, affectent la direction de nos vies et créent une rupture au sein de la réalité, créant deux mondes ou plus, à tous les instants ; des mondes bien réels mais séparés du nôtre, aussi ne pouvons-nous pas interagir ou influencer tous ces mondes consciemment.

Dans la Théorie des Mondes Multiples de la Mécanique Quantique, la trajectoire de votre vie n'est plus une ligne droite conduisant à l'inévitable, mais plutôt un chemin aux possibilités multiples, un arbre de possibilités aux ramifications exponentielles.

POPULARITÉ DE LA THÉORIE

Des sondages officieux ont montré que plus de 40% des physiciens quantiques pensent que cette Théorie des Mondes Multiples (*TMM*) est littéralement correcte. Le légendaire physicien quantique Stephen Hawkins est un avocat de cette théorie, tout comme les Lauréats du Prix Nobel Murray Gell-Mann et Richard Feynman – ils ont certes des réserves quant à son titre de *Mondes Multiples* et aux implications concrètes de la théorie, mais aucune concernant sa structure fondamentale. Bien évidemment, les sondages ne font pas avancer la Science, le but de cette statistique était de souligner la popularité de cette théorie malgré ses conséquences concrètes et métaphysiques.

Dans son livre *The Physics of Immortality* (« La Physique de l'Immortalité »), Frank Tipler fait référence au sondage effectué avant 1988 dirigé par David Raub et mené auprès de soixante-douze cosmologues et théoriciens dans le domaine de la physique quantique présenté ci-dessous :

1) « Oui, je pense que la TMM est vraie »	58%
2) « Non, je n'accepte pas la TMM »	18%
3) « La TMM est peut-être vraie, mais je ne suis pas convaincu »	13%
4) « Je n'ai pas d'opinion quant à la validité de la TMM »	11%

La Théorie des Mondes Multiples peut être interprétée comme suggérant la création perpétuelle de nouveaux mondes concrets – ce que les calculs semblent indiquer –, ou bien elle peut être interprétée comme suggérant la création de mondes n'existant que dans l'esprit de l'individu concerné. Ceci dit, un monde existant dans l'esprit d'un individu n'est pas forcément immatériel pour autant – bien que cela puisse paraître contradictoire. Limiter une réalité à l'esprit d'un individu ne la rend pas moins réelle. Je me permets cette assertion car je rappelle que le monde entier n'existe qu'à l'intérieur de notre esprit. Tout ce que nous percevons, que nous voyons et que nous ressentons n'est que le résultat d'impulsions électriques dans notre cerveau. Le monde d'un individu est l'équivalent de ce que modéliserait un ordinateur perfectionné administrant et analysant des programmes dans sa mémoire de travail. Je ne suggère pas que vous adoptiez cette idéologie tout entière et que vous commenciez à considérer votre personne comme une entité non-tangible dès maintenant – non pas que ce revirement réduirait l'importance de l'âme ou de la réalité de l'expérience humaine – ce que je suggère, c'est d'envisager que notre intuition sur le fonctionnement du monde qui nous entoure ait des chances d'être incomplète. La physique quantique a démontré que lorsque nous nous penchons sur les éléments composant la matière, il s'avère qu'au lieu d'être constitué de matière solide, 99% de tout objet est en fait de l'espace vide ; de l'espace vide bourdonnant de particules quantiques pénétrant et quittant la réalité à tout instant ; une soupe où les protons et les électrons abondent – pensez électricité, bits, uns et zéros. Cette révélation scientifique montre à quel point le monde est incommensurablement immatériel. Nous vivons dans un monde de bits et d'octets ; vu sous cet angle (et je comprends que vous ayez du mal à adopter cette perspective dès votre première lecture), des mondes parallèles qui nous permettent de bondir d'un chemin à un autre de façon continue ou discontinue ne semblent plus tout-à-coup aussi durs à concevoir... Et même si c'était toujours le cas, qu'est-ce que votre doute change à la réalité ? Elle n'a que faire de votre confort – à vrai dire, quelles que soient nos croyances, je pense que nous serons tous d'accord sur le point suivant : notre but à tous au sein de cette réalité est la croissance – fusse-t-elle spirituelle ou matérielle. J'espère vous voir accepter le désagrément causé par ce bouleversement de votre vision de la réalité dans la mesure où cette nouvelle perspective apporte une promesse de développement et d'opportunités insoupçonnés. Laissons nos esprits se comporter exactement comme les particules quantiques étudiées dans ce chapitre – laissons-les engendrer des idées différentes et contradictoires simultanément. Acceptons que notre vision du monde qui nous entoure puisse exister dans un état de supcrposition.

> *« La marque d'une intelligence de premier plan est qu'elle est capable de se fixer sur deux idées contradictoires sans pour autant perdre la possibilité de fonctionner. »*
> - F. Scott Fitzgerald

Tout au long de cet ouvrage, je vous dévoilerai des idées à assimiler littéralement, métaphoriquement, ou des deux façons à la fois. Les idées sont leurs propres entités, toute chose est une idée. Certaines idées ne peuvent être matérialisées. Chaque idée est unique, et toutes sont dans un état de superposition. C'est la raison pour laquelle votre image de ce livre est elle aussi unique. Rappelez-vous, c'est vous qui co-créez ce livre, page après page.

LES MATHÉMATIQUES DE LA THÉORIE

L'Interprétation de la Mécanique Quantique de Hugh Everett III, maintenant appelée *Mondes Multiples*, est mathématiquement cohérente, et elle est en accord avec le reste de la physique quantique – tout semble porter à penser que cette interprétation devrait être l'opinion par défaut des scientifiques spécialisés dans ce domaine. La raison pour laquelle ce n'est pas le cas, est que les implications de cette théorie sont déconcertantes et présentent une réalité matérielle tout simplement assez étrange. Certains scientifiques influents rejettent cette théorie du fait de leur manque d'affinités envers ses implications métaphysiques (*spirituelles*) – pour plus d'informations sur ces implications métaphysiques, vous êtes bien au bon endroit ☺.

Pour vous aider à atteindre vos rêves, mon rôle est de vous montrer comment utiliser les paradigmes et les implications de cette théorie à votre avantage. La réalité concrète ne dépend pas de votre approbation de ses mécanismes et nous devons nous efforcer de voir les implications de ce principe pour ce qu'elles sont, plutôt que pour ce que l'on aimerait qu'elles soient. Métaphysiquement parlant, ces idées sont difficiles à saisir, mais quel croyant parmi nous peut prétendre comprendre parfaitement la structure mécanique de ce monde créé par un dieu/Dieu ? Réciproquement, j'imagine que les calculs constituant l'Interprétation des Mondes Multiples ne poseront pas de problèmes aux laïcs, et j'espère les voir l'accepter pour sa rigueur mathématique, malgré ses implications spirituelles.

La Leçon d'Einstein

Les mathématiques de la théorie de la relativité d'Albert Einstein suggéraient que l'univers s'étendait de façon exponentielle, mais cette idée même semblait si incongrue qu'Einstein la rejeta en tant que solution pratique. Quand, plus tard, le télescope Hubble montra que l'univers était (et est toujours) en effet en expansion, selon une vitesse augmentant sans cesse, Einstein reconnut que son refus d'accepter cette théorie mathématiquement irréfutable constituait : « La plus grande bévue de [sa] carrière. » Écarter une théorie comme celle des Mondes Multiples à cause de ses résultats peu conventionnels malgré une méthodologie mathématique tout-à-fait cohérente, est une erreur pourtant facile à éviter.

UNE INFINITÉ DE MONDES POTENTIELS

Il y a un nombre incalculable de mondes qui se dupliquent à chaque moment où vous prenez conscience de votre environnement et que vous faites un choix. On pourrait penser qu'une presqu'infinité de mondes qui se multiplient pour chaque être humain représenterait un amas de matière bien trop important pour être matérialisé. Permettez-moi de vous suggérer que cette hypothèse repose sur deux idées reçues courantes et erronées :

1. Le monde qui nous entoure est un ensemble matériel et concret plutôt qu'une représentation de notre esprit.

2. Tous les individus sur la surface de cette planète sont distincts et séparés les uns des autres, et la conscience d'autrui n'est pas directement connectée ni entremêlée avec toutes les autres consciences, de même qu'avec tout le reste des *particules* constituant la réalité matérielle. J'en conclus donc que vous, cher lecteur(trice), ne vous considérez ni omniprésent(e), ni omniscient(e), ni omnipotent(e) – que vous vous imaginez donc comme distinct(e) également ment de l'être que vous considérez comme Dieu, si vous êtes croyant(e).

« Jésus leur répondit, N'est-il pas écrit dans votre loi,
J'ai dit, Vous êtes des dieux ? » - Jean 10.34
« J'avais dit, Vous êtes des dieux, Vous êtes tous des fils
du Très Haut. » - Psaume 82.6

Ou bien, d'un point de vue agnostique :

1. Nous ne nous rendons pas compte qu'autant que nous le sachions, l'Univers est un Hologramme.

2. Nous ne réalisons pas que toute particule est sujette à l'intrication quantique qui les relie toutes entre elles.

Ceci étant dit, il n'est pas nécessaire d'adhérer à ces deux idées pour tirer le maximum de ce livre – je les énonce simplement pour votre information. Durant les décennies à venir, la recherche dans ce domaine sera amenée à approfondir et à valider de nombreux aspects des concepts d'univers holographique et de l'intrication quantique ; considérez les deux idées ci-dessus comme des aperçus de développements futurs.

VOUS ÊTES ÉGALEMENT DUPLIQUÉ

Dans les Mondes Multiples, même votre conscience est dupliquée au moment de l'observation. L'idée qu'il existe une infinité de versions de l'individu, chacune existant dans un monde différent et toutes incapables d'interagir avec ses jumelles, est commune à de nombreux enseignements spirituels. Le mot *Maya*, signifiant *la vie en tant qu'illusion*, est utilisé dans les religions Hindouiste, Bouddhiste et Sikh. Si nous considérons la terre comme un endroit où *nos ancêtres* sont venus pour apprendre, pour éprouver et même pour être jugés, alors la division des réalités est simplement une extension de ces fonctions qui sont, elles, encrées dans nos mœurs.

L'Opportunité

L'Interprétation des Mondes Multiples traite de possibilité ainsi que d'opportunité. En considérant et en adoptant le paradigme de son existence, nous commençons à réaliser que les possibilités de notre futur sont infinies, que notre **Monde Parallèle Idéal (MPI)** existe déjà au gré d'un des chemins de notre futur potentiel, et que notre comportement au sein du présent peut nous conduire jusqu'à lui.

> *« Il y a tellement de mondes, et tout autant à faire... »*
> *- Alfred Tennyson*

Jusque-là, je vous ai montré que vous êtes directement connecté à Dieu ainsi qu'à toute chose ; je compte maintenant vous montrer que considérer ce paradigme et l'appliquer avec humilité peut simplifier votre vie jour après jour.

L'Univers est un Hologramme

L'Univers est un Hologramme est une théorie de plus en plus suivie dans le monde de la physique, et qui suggère que l'univers en trois dimensions dans lequel nous vivons (quatre dimensions avec le temps), est en fait la projection en deux dimensions de la surface d'un trou noir. Pour simplifier, imaginons le trou noir comme un projecteur qui nous entoure et donne l'illusion du monde en trois dimensions (plus la quatrième dimension, le temps) que nous percevons. Comme beaucoup d'autres choses en physique quantique, cette idée va à l'encontre de l'intuition, mais quand les mathématiques et la recherche suggèrent que la réalité fonctionne différemment de ce qu'il semble, il est sage de mettre ses doutes de côté et de s'efforcer de donner aux mathématiques et aux observations scientifiques la priorité sur son ressenti.

Une des clés de cette vision de l'univers vient de l'observation des trous noirs. En effet, des études ont montré que l'énergie des objets absorbés par les trous noirs était dispersée dans l'espace sous forme de radiations mais que les informations concernant l'objet étaient conservées à la surface du trou noir. Une relation directe entre la quantité d'informations contenue dans l'objet absorbé par le trou noir et la taille de l'extérieur de ce dernier à été constatée. En effet, lorsque le trou noir aspire, par exemple, une étoile, la surface du trou noir s'étend juste assez pour pouvoir représenter tous les détails de cette étoile à la même échelle à la surface du trou noir. Donc, si représenter une étoile exige l'équivalent d'un milliard de milliards de bits de données, la surface du trou noir s'étendra jusqu'à atteindre la taille nécessaire à la présentation d'un milliard de milliards de bits de données. Les informations relatives à l'état d'un système ne sont jamais perdues, c'est une des lois fondamentales de la physique ; de même, les informations concernant chacun des objets constituant ces systèmes ne peuvent pas non plus être perdues. On peut en conclure que les informations nécessaires à la création de tout objet jamais créé sont éternelles.

En incluant ce concept d'univers holographique dans cet ouvrage, mon but n'était pas de vous y convertir, mais plutôt de continuer à vous montrer que le monde fonctionne de manière non-intuitive à de nombreux égards.

Une fois de plus, rien de tout cela ne change la réalité de notre existence, ni notre pertinence en tant qu'être conscient – cela n'écarte pas non plus l'existence de Dieu – il s'agit seulement de suggérer que notre perception de la réalité, et que la manière dont l'univers fonctionne, sont éventuellement imparfaites en termes de structure.

Pour plus d'information à ce sujet, je vous invite à lire
« L'Univers est un Hologramme » de Michael Talbot.

Les Mondes Multiples et les Esprits Multiples

En 1992, alors qu'il préparait son Doctorat à l'Université de Columbia, Jeffrey A. Barrett a écrit un essai remarquable traitant de l'approche des *Esprits Multiples* de la mécanique quantique. Dans son essai, Barrett suggère que ces mondes parallèles n'existent que dans l'esprit des individus, car la conscience, d'après lui, a seulement accès au monde dans lequel nous aboutissons une fois le voyage achevé.

CONCLUSION DU CHAPITRE

Contempler le monde comme une structure immatérielle, envisager que la matière même n'existe pas en dehors de notre prise de conscience, et considérer l'existence de nombreux mondes qui se dupliquent à chaque instant de prise de conscience sont des idées qui incommodent. Il n'est pas nécessaire de les accepter littéralement, elles fonctionnent tout aussi bien en tant que métaphores. Cet effort, cet exercice mental marque cependant notre point de départ.

Si nous nous penchons un instant sur la théorie de Hugh Everett III, nous nous apercevons que sa partie mathématique est très claire, et que la théorie en découle, et non l'inverse. Son œuvre est tout-à-fait remarquable ; elle nous fait songer à tous ces mondes superposés émergents auxquels nous n'avons pas encore accès. Le but de ce livre est de vous donner accès à cette myriade de mondes superposés, en modifiant votre paradigme, et en appliquant *Les Deux Piliers du Voyage entre les Mondes Parallèles* de ce livre.

PARTIE 3

Créer sa Vision
(votre SIP et votre MPI)

« *Le plus grand danger pour la plupart d'entre nous*

n'est pas que notre but soit trop élevé

et que nous le manquions, mais qu'il soit trop bas

et que nous l'atteignions. »

- Michel-Ange

LES INSTANCES DE NOS VIES

L es horloges atomiques, activées par des atomes de césium, effectuent plus de neuf milliards d'oscillations par seconde. Disséminées à travers le monde dans les installations militaires et les pôles technologiques, les horloges atomiques établissent le temps atomique international. Parmi celles-ci, les deux horloges les plus importantes des États-Unis se trouvent au National Institute of Standards and Technology (*NIST*) à Gaithersburg en Maryland et à l'Observatoire Naval des États-Unis (*USNO*) à Washington, D.C. Les horloges de ces deux organismes contribuent à maintenir l'heure du monde entier homogène, elle est alors appelée le Temps Universel Coordonné (*UTC*). Les horloges atomiques les plus précises que l'homme ait inventées se décalent de moins d'une seconde tous les dix milliards d'années. Ça devrait faire l'affaire.

Imaginez un instant que chaque heure de votre vie soit remplie de moments pendant lesquels vous pourriez choisir de faire une pause – et ainsi faire le point sur votre état mental et physique. Si vous le souhaitez, vous pouvez suspendre le flux de votre vie et être pleinement conscient de l'instant présent. Vous pouvez quand bon vous semble faire un arrêt sur image, prendre une ample inspiration, et photographier la réalité que vous avez sous les yeux. N'importe quand, vous pouvez regarder autour de vous, vous pouvez vous arrêter sur cette image du film de votre vie et vous pouvez prendre conscience de vos pensées et de vos émotions, là, sur cette image.

Quand on apprécie un film, ce que nous avons sous les yeux n'est autre qu'une série d'images immobiles qui se succèdent. Au cinéma, les films sont le plus souvent projetés à raison de vingt-quatre images par seconde. C'est amplement suffisant pour donner l'impression du mouvement au cerveau, même si nous sommes conscients d'être assis devant une série d'images fixes qui défilent. Un de mes films préférés, *Le Hobbit*, réalisé par Peter Jackson, a initialement été filmé à quarante-huit images par seconde et des projections préliminaires ont révélé que cette fréquence élevée de défilement « détruisait l'illusion de la fantaisie » car il était « trop convaincant », « trop réaliste ». Cela porterait à croire que quarante-huit images par seconde seulement seraient suffisantes pour franchir le fossé qui sépare la fantaisie de la réalité. Le cerveau a évolué pour sentir et anticiper le mouvement, et grâce à un de ses attributs appelé la *persistance rétinienne*, nous sommes capables de percevoir les clichés de notre vie comme des manifestations du mouvement, et ce qui en découle, du temps qui passe. Notre réalité se dévoile image par image car nous les percevons comme une continuité, une rivière ininterrompue, notre vie. C'est le défilement de chacune de ces images qui nous amènera à terme à notre Monde Parallèle Idéal – que nous examinerons bientôt.

Si on part du principe que le monde holographique dans lequel nous vivons n'est qu'un amas de pellicules, alors la fréquence de défilement devrait se rapprocher de neuf milliards d'images par seconde, pour concorder avec le comportement observé de l'atome de césium. Être capable de discerner neuf milliards d'images par seconde ne semble pas réalisable pour l'esprit humain – peut-être une entité plus évoluée en serait-elle capable ? Pourtant, c'est à cette fréquence que nous prenons conscience de ce que nous pensons, de ce que nous ressentons, à tout moment, chaque fois qu'il y a conscience et connaissance de l'image dans laquelle nous nous trouvons – c'est à ce moment précis que la réalité se divise en plusieurs ramifications, lorsqu'on choisit un rêve plutôt qu'un autre, lorsqu'on adopte une idée plutôt qu'une autre. La particule quantique superposée est un électron qui existe au sein même de notre esprit, au moment de la prise de conscience, pendant un court instant seulement, le temps d'une image. C'est un choix qui présente à nous une multitude de directions, car un choix entraîne un afflux d'électrons vers le cerveau qui nous entraînera forcément vers un état de superposition quantique, et vers les mondes multiples qui s'ensuivent.

Le paradigme que je vous propose, c'est de percevoir votre vie comme une pellicule. Au fil du temps, de nombreux grands professeurs on enseigné à l'humanité que c'est avec la conscience ainsi que la connaissance que nous évoluons, et que c'est aux moments de notre vie où nous choisissons le chemin de la conscience que nous grandissons réellement, que nous avançons le plus. La prise de conscience fait que la réalité se divise et cela nous permet de choisir parmi les différents mondes parallèles.

> « *La clé du développement, c'est l'introduction de degrés de connaissance plus élevés au sein de notre conscience.* »
> *- Lao Tzu*

Lorsque nous faisons le choix d'être conscients de ce que nous pensons et ressentons à tout moment, nous faisons appel à la région du cerveau chargée de la raison et de la coordination des informations venant des quatre coins du cerveau ; il s'agit du cortex préfrontal. Cette prise de conscience nous donne plus de contrôle sur le moment présent et sur nous-mêmes ; elle suspend l'écoulement de notre vie et nous permet de percevoir l'image dans laquelle nous nous trouvons à cet instant ; cette réalisation est l'occasion de modifier la direction de cet écoulement et de commencer un voyage palpitant à travers les mondes parallèles.

Lorsque vous utilisez la force de la conscience, au fur et à mesure de vos *arrêts sur image*, vous façonnez et pliez la lumière pour créer un futur plein de possibilités, comme on manipule un hologramme ; vous lui donnez une forme, vous la courbez – en remaniant son apparence et son image, en créant de nouvelles opportunités, de nouvelles réalités.

Cet ouvrage a pour but de vous aider à changer la trajectoire rectiligne de la vie dans laquelle vous vous êtes retrouvé et à adopter un chemin à choisir parmi un arbre de ramifications potentielles au nombre exponentiel.

Grâce à la force de la conscience, on peut surmonter tout échec du passé. L'échec, c'est être bloqué sur un chemin prédéterminé qui n'apporte pas de satisfaction. Le succès, c'est se libérer de cette destinée médiocre et changer progressivement à travers les mondes parallèles dans notre champ de probabilités. Tout comme l'on peut changer de chaîne de télévision, à chaque moment où nous nous décidons pour une prise de conscience, nous avons l'occasion de changer de monde et de diviser la bobine du film en sous-ensembles ; si nous le souhaitons, nous pouvons ensuite séparer le film de la réalité afin de nous rapprocher à chaque fois un petit peu plus de notre Monde Parallèle Idéal (MPI).

Anthony Robbins – le légendaire *coach* de développement personnel Américain et auteur de nombreux *bestsellers* internationaux, dont mon favori *L'Éveil de votre Puissance Intérieure* – nous raconte une fantastique histoire autour d'une partie de golf. Il nous explique que si le point d'impact du club de golf est décalé de seulement un millimètre, cette différence minime peut envoyer au fond d'un lac une balle qui aurait dû atterrir tranquillement sur le green, et vice versa.

Dans la théorie des cordes, cela s'appelle la *loi de la sensibilité exponentielle aux conditions initiales des systèmes chaotiques*, qui suggère que des modifications minimes des conditions de départ peuvent entraîner des changements spectaculaires dans les résultats. C'est ce qui se passe lorsque vous rectifiez la trajectoire de votre vie d'un degré dans un domaine donné : cette petite modification est amplifiée par le passage du temps. La différence entre vivre comme un prince grâce à un salaire d'un million d'Euros par an et survivre à peine sur un salaire annuel de trente mille Euros n'est souvent l'affaire que d'une différence d'un degré amplifiée par une durée de cinq à dix ans. Une augmentation de 1% de votre force cérébrale découlant de votre assimilation des

Deux Piliers de ce livre peut mener à une vie nettement plus satisfaisante et profitable – mais j'imagine bien que, comme tout lecteur(trice) de ce livre, vous êtes capable d'une croissance bien supérieure à 1%.

La raison pour laquelle je cite cette loi qui énonce la sensibilité exponentielle aux conditions initiales est de vous rappeler qu'au bout du compte, la situation dans laquelle vous amènerez votre vie sera très différente de celle où vous étiez au commencement de ce voyage – vous serez dans un monde parallèle, littéralement comme métaphoriquement. Alors que vous commencez à imaginer à quoi ressemble le monde de vos rêves, restez ouvert à toutes les possibilités, même les plus improbables. Les changements infimes dans votre façon de penser et votre énergie peuvent mener à d'immenses changements de résultat, alors prenez votre responsabilité et rêvez en grand.

« Demandez, et l'on vous donnera ; cherchez, et vous trouverez ; frappez, et l'on vous ouvrira. »
- Matthieu 7.7

Il est temps à présent de choisir ce que vous comptez accomplir, et de commencer à identifier exactement où vous aimeriez trouver votre vie. Commencez à penser à ce que j'appelle votre Situation Idéale Proche (*SIP*) ainsi qu'à la vision précise de votre Monde Parallèle Idéal (*MPI*). L'image que vous vous faites de votre Monde Parallèle Idéal sera fondamentale à tout ce que vous entreprendrez. Vous devez voir clairement la personne que vous serez au sein de votre MPI, vous devez décider spécifiquement des atouts que vous comptez posséder et du type de position que vous comptez occuper ou, encore mieux, de quelle sorte d'entreprise vous comptez devenir propriétaire ; définissez également quelle sorte de personne ou de personnage vous comptez devenir au cours de ce voyage, aussi spécifiquement que possible. Il est en effet question ici de clarté – la clarté de vision et la clarté d'émotion.

Votre Situation Idéale Proche (SIP) est un but assez proche de votre situation actuelle pour que vous puissiez tracer de tête un chemin réaliste qui vous conduirait à votre SIP. La Situation Idéale Proche est une *image* – tout comme celles que l'on a définies il y a quelques pages – qui existe à trois mois de votre situation actuelle à peu près (libre à vous de choisir une SIP plus proche, mais seulement si vous avez du temps libre en abondance). Comme vous l'avez peut-être deviné, cette image se trouvant à trois mois de vous est un monde parallèle, bien plus proche de votre image actuelle que votre Monde Parallèle Idéal. Si vous êtes un représentant de commerce, augmenter votre chiffre de vente de 15 % alors que votre but initial était 5 % serait une SIP réaliste. Cela représente un monde parallèle car c'est une valeur supérieure à celle que vous auriez atteint sur votre présente trajectoire ; il ne doit cependant pas être complètement différent du monde dans lequel vous vous trouvez en ce moment. La raison pour cette SIP de trois mois est de vous donner le temps de maîtriser les *Deux Piliers* de ce livre avant de vous lancer dans votre voyage entre les mondes parallèles. Si vous avez un grand nombre d'*images conscientes* (c'est-à-dire de *temps libre*) à votre disposition pendant les quarante-cinq jours à venir, vous pouvez vous fixer une SIP de quarante-cinq jours.

Penchons-nous sur ce qu'est une SIP en prenant comme exemple une personne à un poste de représentant : Une Situation Idéale Proche ne doit pas être éloignée de votre réalité actuelle, de sorte que vous puissiez prendre le temps de vous asseoir pour faire un plan permettant de l'atteindre ; un plan décrivant les émotions (joie, bonheur, etc.) et les actions (rencontrer des vendeurs plus efficaces, étudier les pistes plus fructueuses et ignorer celles qui ne mènent à rien, faire du sport régulièrement pour améliorer votre apparence physique, etc.) nécessaires pour mener ce plan à bien. La SIP est plus proche de votre situation présente que votre Monde Parallèle Idéal. Ce n'est qu'un tout petit aperçu de vos rêves.

Votre Monde Parallèle Idéal (MPI), lui, est votre rêve dans sa globalité, le rêve de ce que vous comptez accomplir dans le futur, un rêve si grand qu'il vous est impossible de tracer de tête un chemin pour y accéder comme vous pouvez le faire pour votre SIP. Votre MPI doit être si imposant qu'il ne doit pas être directement à portée de la main – si vous pouvez mentalement tracer un chemin qui vous mène à votre MPI, alors il n'est pas assez grand. Votre MPI doit être tellement colossal que si vous en parliez à 99% de vos amis, ils en riraient – certains en pensant que vous plaisantez, d'autres en pensant que ce but est impossible. C'est essentiellement la raison pour laquelle ce livre vous guide à travers des mondes parallèles pour atteindre vos rêves, car la situation recherchée doit être si éloignée de la situation de départ, que lorsque vous y serez parvenu, il semblera à votre entourage que vous aurez mis les pieds dans une réalité parallèle. En effet, votre MPI est un but si colossal que le seul moyen d'y parvenir est de voyager à travers ces mondes parallèles, et cela exigera l'application des notions des Deux Piliers que nous allons voir par la suite. Au fil du temps passé à utiliser les Deux Piliers, votre subconscient révélera à votre esprit conscient la stratégie qui vous amènera à votre MPI, et vous montrera également comment trouver de la satisfaction dans les tâches qui vous y mèneront qui figurent sur le plan stratégique que vous aller élaborer. Grâce à lui, vous serez plein d'entrain en approchant les employés les plus compétitifs et vous les convaincrez de vous prendre sous leur aile, ou encore vous serez excité de vous réveiller à cinq heures du matin pour aller faire de la musculation.

> « L'imagination est plus importante que la connaissance. »
> - Albert Einstein

Si vous faites partie des deux milliards de Chrétiens à travers le monde, vous devez déjà savoir que la force de Dieu est présente au sein de chacun d'entre nous, que nous avons tous été façonnés à Son image et que, comme Lui, nous pouvons accomplir des miracles. Jésus a dit à ses disciples :

> « *En vérité je vous le dis, si vous aviez de la foi et que vous ne doutiez point, non seulement vous feriez ce qui a été fait à ce figuier, mais quand vous diriez à cette montagne :* '*Ôte-toi de là et jette-toi dans la mer,*' *elle le ferait.* »
> – *Matthieu 21.21*

Je demande donc, cher lecteur(trice) croyant(e), pourquoi Jésus aurait dit cela si ça n'eût pas été vrai ? Si vous avez foi en Lui alors vous savez que cela doit être vrai. Nous devons avoir la force de parler et la matière se pliera à nos demandes. Il est également capital d'avoir foi en notre force potentielle et de reconnaître qu'il est de notre responsabilité d'agir à la hauteur de ce potentiel. Voila de quoi relève votre Monde Parallèle Idéal (MPI). C'est l'endroit où tout est tel que vous l'avez imaginé. C'est une situation dans laquelle vous créez, vous vous manifestez, et vous continuez à agir, une situation où il reste bien du travail à faire. Mais c'est aussi une situation dans laquelle vous aimeriez vous trouver en ce moment. Si vous aspirez à devenir PDG, alors dans la vision de votre Monde Parallèle Idéal, vous venez tout juste d'être élu PDG par le conseil de votre entreprise, ou vous emmenez une compagnie que vous avez fondée jusqu'à son introduction en bourse. À partir de là, un travail considérable vous attend, mais c'est la situation du *point de départ* que vous enviez. Une fois que vous aurez atteint votre MPI – et vous y arriverez –, vous pourrez vous créer un nouveau MPI encore plus grand, ou bien vous fixer régulièrement des Situations Idéales Proches pour continuer à progresser.

CRÉER SON MPI

> « *Si on avance avec assurance dans la direction de ses rêves, et que l'on s'efforce de vivre la vie que l'on s'est imaginée, on connaîtra un succès inespéré en quelques heures.* »
> - *Henry David Thoreau*

Passez un moment à réfléchir à vos réponses aux questions qui suivent et qui sont à compléter. Ces questions n'ont pas la prétention de couvrir tous les aspects du MPI ; elles sont censées vous aider à vous lancer dans le procédé de création de votre MPI. Une fois que vous aurez évalué l'ampleur de votre MPI, vous pourrez commencer à en tracer une image. Libre à vous de remplir ces pages au crayon, ou de répondre aux questions sur des feuilles de papier, si vous voulez éviter que toute personne qui les lirait ne puisse dorénavant juger votre MPI ☺.

Voici les questions :

Quelle est votre valeur nette dans le cadre de votre MPI (décidez de la valeur exacte – vous pourrez faire don d'une somme d'argent si vous vous retrouvez avec plus de revenus que prévu ☺) ?

_____

_____

_____

_____

Faites la liste des capitaux les plus importants que vous avez en tête (maison, voiture, propriété, affaires).

_____

_____

_____

_____

Décidez quelle aptitude ou produit vous fournirez ou encore quel service vous rendrez à l'humanité en échange de ces trésors (soyez spécifique).

_____

_____

_____

_____

Quelles sont les relations fortes au sein de votre MPI (y compris les membres de votre famille, vos amis et vos relations amoureuses) ?

_____

_____

_____

_____

De quels comportements et vertus essentiels à votre succès permanent faites-vous preuve dans votre MPI (*veuillez lire les Deux Piliers avant de pouvoir répondre à cette question*) ?

_____

_____

_____

_____

Quelles sont les émotions dominantes dans votre MPI ? Que pensez-vous de la vie (*veuillez lire les Deux Piliers avant de pouvoir répondre à cette question*) ?

_____

_____

_____

_____

Y a-t-il d'autres critères pertinents (santé, fortune, sujets de société, affaires – soyez spécifique) ?

_____

_____

_____

_____

Activité #3 :

Pour visualiser votre MPI, rassemblez des images sur internet, dans des magazines, ou grâce à toute autre source à votre disposition. Enregistrez les images qui représentent le confort que vous imaginez au sein de votre MPI sur un support informatique ou dans un dossier auquel vous avez souvent accès. Vous pouvez également créer un *tableau de visualisation*. Faites une recherche en ligne pour des exemples de tableaux de visualisation.

Mémorisez ces images consciemment, pour pouvoir les introduire dans votre subconscient lorsque vous aurez un moment de calme, que vous méditerez ou que vous pratiquerez l'autohypnose (nous verrons cela plus en détail dans le Pilier I).

Nous y sommes. Vous êtes sur la bonne voie.

« J'ai marchandé avec la Vie,

Pourtant sans cesse, elle disait 'Non',

J'avais beau l'implorer le soir

En comptant mes minces provisions ;

Car la Vie est un patron juste,

Qui écoute et exauce vos souhaits

Mais une fois le salaire fixé,

Il faut que le travail soit fait.

J'ai travaillé pour une misère,

Pour comprendre enfin, consterné

Que le salaire importe peu,

La vie le paye volontiers. »

- The Wage (« Le Salaire »), Jessie B. Rittenhouse

CRÉER SA **SIP**

Pour créer une image de votre Situation Idéale Proche, vous allez utiliser une version très diluée de votre Monde Parallèle Idéal et viser un but à atteindre dans trois mois. Cette période est nécessaire à votre maîtrise des Deux Piliers. Cette période de trois mois n'est pas une limite fixe, étant donné que théoriquement, vous pourriez atteindre votre SIP instantanément – bien que, par définition, cela soit fort improbable (du reste, si vous créez une SIP accessible en moins de trois mois, je vous suggérerai de rêver un peu plus grand).

Ne concevez votre SIP qu'une fois la lecture de ce livre entièrement achevée. En effet, les leçons apprises lors des Deux Piliers à venir vous y seront indispensables. Une fois votre Situation Idéale Proche (SIP) déterminée, répondez aux questions de base suivantes, sur ce livre même ou sur un carnet de notes séparé.

Dans trois mois, à quoi ressemblera votre vie en terme de :

1. Santé

_____

_____

_____

_____

2. Finances

_____

_____

_____

_____

3. Relations

_____

_____

_____

_____

4. Carrière

_____

_____

_____

_____

5. Développement Personnel

_____

_____

_____

_____

6. Émotions

_____

_____

_____

_____

7. Comportement et Habitudes

_____

_____

_____

_____

8. Autres Objectifs avec dates d'exécution correspondantes

_____

_____

_____

_____

_____

_____

_____

_____

_____

Pour arriver à votre Monde Parallèle Idéal (MPI), vous devez atteindre de nombreuses Situations Idéales Proches (SIPs) et traverser de nombreux mondes. Chaque monde que vous traversez est une étape au sein d'un long parcours. À chaque prise de décision, une nouvelle destinée est créée, et de multiples autres se réalisent – autant de mondes parallèles que vous devez traverser au long de votre voyage. Chacune de ces escales contient ses propres images, pensées, émotions et comportements que vous êtes tenu d'adopter.

Une fois que vous aurez parcouru les Deux Piliers et la *Chronologie du Succès*, vous serez prêt à compléter les informations sur la SIP qui se trouvent entre les pages précédentes et vous devrez commencer un Guide MPI à ajouter à votre carnet de notes :

Partie 1 : La vision intégrale de votre MPI.

Partie 2 : Toutes les idées à planter au sein de votre subconscient pour accéder au succès, ainsi qu'une date limite pour atteindre votre MPI.

Partie 3 : La vision intégrale de votre SIP courante.

Partie 4 : Toutes les idées à insérer au sein de votre subconscient pour accéder à votre SIP, ainsi qu'une date limite pour y arriver.

Revoyons nos objectifs :

1. **Que** comptez-vous accomplir (SIP et MPI) ?

2. **Quand** comptez-vous les accomplir ?

3. **Comment** comptez-vous les accomplir (Stratégie et Comportement : La clé du *Comment,* pour votre MPI, vous sera révélée dans le Pilier I, à l'approche de votre SIP) ?

Se concentrer sur votre SIP sera très important pour vous assurer une progression vers votre MPI. Votre priorité sera de rester connecté à la force et à l'énergie illimitée de la personne que vous êtes au sein de votre MPI, et de ne pas vous perdre dans les méandres du flot de la réalité.

« Quand il n'y a pas de révélation,
le peuple est sans frein... »
- Proverbes 29.18

LES DEUX PILIERS DU VOYAGE ENTRE LES MONDES PARALLÈLES

Afin de traverser les Mondes Parallèles pour Atteindre vos Rêves, vous devez utiliser les Deux Piliers :

1. La Force du Subconscient

2. La Mentalité MPI

Chaque Pilier remplit une fonction spécifique au sein de votre voyage :

1. La Force du Subconscient – Fournit une carte à travers les mondes parallèles.

2. La Mentalité MPI – Vous garde sur le chemin qui mène à votre MPI, vous alimente également en carburant au cours de votre voyage à travers les mondes ; c'est la source de la force qu'il vous faut pour vous développer et pour persister.

Chaque pilier sera exploré ainsi qu'expliqué et la méthodologie pour en tirer parti sera résumée. Vous maîtriserez ces deux Piliers et vous vous verrez transporté dans un monde où tout est réalisable et où plus rien n'est hors de portée.

Kevin L. Michel

PILIER I

LA FORCE

DU SUBCONSCIENT

« Il est vrai qu'un esprit sacré et divin

nous parle intérieurement, mais il reste dissocié

de son origine divine. »

- Sénèque

Votre subconscient sait quel chemin vous mènera à votre Monde Parallèle Idéal (MPI). Votre subconscient est votre guide, votre intuition. Renforcez le lien entre votre conscience et votre subconscient pour que ce dernier vous guide tel une carte et une boussole tout au long de votre voyage entre les mondes parallèles. Avoir accès à votre subconscient, c'est pouvoir voir et concevoir le futur, c'est pouvoir modifier le passé et la façon dont vous le percevez. Pour maîtriser ce premier Pilier, il faut d'abord se maîtriser soi-même. Maîtriser ce Pilier, c'est acquérir une force insondable.

> *« Tout ce que l'esprit d'un homme perçoit et sent comme réel, le subconscient se doit de le concrétiser. »*
> *- Neville Goddard*

Chaque seconde, votre cerveau reçoit un million de bits de données par l'intermédiaire de vos sens. À chaque instant, assez de données pour planter un superordinateur se précipitent vers votre cerveau. Ce dernier traite toutes ces informations, crée des indications utiles et fabrique une vision unique de la *réalité* pour votre conscience. Votre cerveau décide de ce qui est important et de ce qui peut être mis de côté pour plus tard. Même lorsqu'il filtre ces paquets de données gigantesques, la partie *subconsciente* du cerveau appelée l'hippocampe ainsi que les ganglions de la base recueillent des statistiques sur toutes ces données et en déchiffrent les tendances.

Ce traitement ininterrompu de données a lieu au sein de votre propre cerveau sans que vous en ayez conscience. Cette activité de fond ou activité *subconsciente* représente 95% à 99% de votre activité mentale lorsque vous êtes éveillé. Pensez-y un instant... habituellement, jusqu'à 99% des mécanismes actifs au sein de votre cerveau sont étrangers à votre conscience. En ce moment même, alors que vous êtes en train de lire cette phrase et arrivez à cette virgule, plus de 95% de l'activité mentale de votre cerveau est dirigée par votre subconscient.

Votre conscience est cette région étroite qui représente votre attention et que le célèbre psychanalyste autrichien Sigmund Freud appelait l'*ego*. La conscience est la partie de l'esprit qui réfléchit à ces mots au fur et à mesure de votre lecture mais ne peut traiter que cinq à neuf groupes d'information à la fois. Certains psychologues vont encore plus loin et suggèrent qu'étant donné que la conscience traite les informations séquentiellement, même le fait de penser à plus d'une chose à la fois revient à essayer de frotter son ventre en tapotant simultanément sa tête – très difficile... sauf avec de l'entraînement ☺.

Le subconscient fait référence à toutes les activités mentales qui se produisent en dehors de la conscience et qui, à tout moment, peuvent traiter plus de deux mille fois plus d'information que la conscience.

La conscience et le subconscient coexistent et résident au sein du cerveau. Il y a des parties spécifiques dans la structure du cerveau liées à la conscience et d'autres liées au subconscient. Nous allons explorer cette composition au cours des pages qui suivent. J'y utiliserai les termes *cerveau* et *esprit* de façon interchangeable, cela n'affectera pas le message de ce Pilier.

La conscience est composée principalement du cortex préfrontal et de parties du cortex cérébral. Le cortex préfrontal est une petite région située juste au-dessus des yeux, derrière le front, à l'avant du cerveau. Le cortex préfrontal est responsable de l'intégration de tous les procédés au sein du cerveau et de la réflexion stratégique caractéristique des êtres humains. Le cortex cérébral, lui, est une fine épaisseur de cellules nerveuses (neurones) de un millimètre qui couvre la totalité du cerveau, comme une couverture ridée.

Le subconscient, c'est fondamentalement tout le reste du cerveau. L'hippocampe, les amygdales, le thalamus, le noyau accumbens, et les ganglions de la base sont des parties clés du cerveau. Ces cinq régions font toutes partie du système limbique, aussi appelé cerveau reptilien.

Chaque information atteignant le corps est tout d'abord traitée par l'hippocampe, les ganglions de la base et les amygdales avant d'être envoyée à la conscience. Les données sont seulement envoyées à la conscience si le subconscient considère que cela est nécessaire. Le subconscient contrôle la plupart des fonctions biologiques sans que l'on ne s'en rende compte, à l'instar de la respiration, du contrôle de la température, du rythme cardiaque, de la digestion, du système immunitaire, du clignement des yeux, de la réaction au comportement des cellules, etc. Le subconscient a pour rôle d'assimiler une quantité d'information quasiment infinie, de la filtrer et d'envoyer à la conscience ce qu'elle devra traiter.

> « *Le cerveau humain produit en trente secondes autant de données que le télescope Hubble en toute son existence.* »
>
> *- Le neuroscientifique Konrad Kording, Université Northwestern*

L'hippocampe et les ganglions de la base contrôlent les habitudes, et les amygdales contrôlent certaines émotions puissantes comme la peur. Toutes ces parties du cerveau que nous avons mentionnées sont liées à une autre partie appelée le noyau accumbens. Le noyau accumbens produit une substance chimique importante, un neurotransmetteur appelé dopamine. La dopamine est la substance principale liée au plaisir. Lorsque le noyau accumbens produit de la dopamine, vous vous sentez bien et vos pensées sont claires. Toute activité engagée alors que la dopamine circule dans le cerveau à des chances d'être répétée et de ce fait, les connections entre les neurones (cellules du cerveau) qui ont déclenché cette activité se renforcent. Par exemple, le fait de sourire libère de la dopamine ; entrevoir une personne que nous trouvons attirant(e) nous sourire entraîne également la production de dopamine, et le sexe entraîne la production de larges doses de dopamine. De nombreuses drogues stimulantes dont la caféine, l'héroïne et les amphétamines utilisées pour traiter les TDAH (*Trouble du Déficit de l'Attention avec ou sans Hyperactivité*), entraînent également la production de dopamine dans le cerveau. La fabrication de dopamine peut être déclenchée consciemment lorsque l'on *décide* d'être heureux, mais elle est typiquement régie par l'hippocampe et les ganglions de la base. Ces deux régions du cerveau déclenchent habituellement la diffusion de dopamine lorsque vous faites une activité que votre subconscient a reconnu comme étant essentielle à votre survie et, par conséquent, à celle de vos gènes (les statistiques collectés par vos ganglions de la base et votre hippocampe permettent à votre subconscient de déterminer quelles sont ces activités).

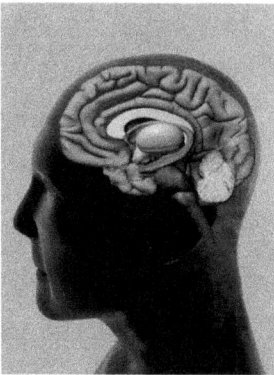

-Le thalamus, l'hippocampe, les ganglions de la base, le noyau accumbens et les amygdales contrôlent et génèrent nos émotions et sont responsables de plus de 95% de notre comportement.

-L'hippocampe et les ganglions de la base jouent des rôles importants dans la mémoire à long terme et dans la reconnaissance de formes.

-Les amygdales peuvent s'occuper de la réponse combat-fuite.

Le thalamus fait passer certaines informations à la conscience et détermine celles qui seront pertinentes à la prochaine prise de décision (exemple : le thalamus ne demanderait pas à la conscience si le cœur devrait continuer de battre ou s'il faudrait arrêter de transpirer, il lui demandera en revanche s'il est question de manger un sandwich ou de traverser la rue). Le sentiment d'avoir pris une décision que nous ressentons découle souvent d'un choix entre plusieurs options présentées par le thalamus. C'est une des façons par lesquelles notre subconscient guide nos pas sur le sentier de la vie – notre sentier à travers les mondes parallèles –, et détermine ce que nous percevons comme réel. Notre thalamus décide des stimuli sur lesquels la conscience devrait se focaliser – il contrôle notre attention. Si un stimulus au sein de notre environnement est assez atypique, menaçant ou peut potentiellement nous profiter, le thalamus avertit la conscience pour qu'elle porte son attention dessus.

L'ILLUSION DU CONTRÔLE CONSCIENT

Comme expliqué ci-dessus, le subconscient choisit quelles données sont transmises à la conscience. Notre impression d'observer la réalité et de prendre des décisions est en partie une illusion. Lorsque nous avons le sentiment de prendre une décision, c'est bien sûr le cas, mais cette décision est prise à partir d'une liste de choix prédéterminés, compilée par le subconscient et envoyée du thalamus au cortex préfrontal. Ce processus tout entier se passe en moins de deux dixièmes de seconde, comme l'ont démontré de nombreuses expériences. Le Professeur John Dylan Haynes, neuroscientifique au Bernstein Center for Computational Neuroscience à Berlin, a conduit une expérience qui illustre que le subconscient prend de nombreuses décisions avant même d'en informer la conscience.

Une de ces expériences utilise des images du cerveau en temps réel (*IRMf*) sur des sujets en train de prendre des décisions. Pour des décisions basiques type *choix entre A et B*, les scientifiques observant les IRMfs peuvent savoir si les sujets vont choisir *A* ou *B* jusqu'à dix secondes avant que les sujets ne sache lequel ils choisiront eux-mêmes ! Le Professeur Haynes a pu prévoir la décision des sujets avec plus de 90% d'exactitude, avant même que la personne n'ait conscience d'avoir pris une décision. Haynes explique ses découvertes :

> *« Nous avons constaté que l'issu d'une décision peut être encodée dans l'activité du cortex préfrontal ainsi que pariétal jusqu'à dix secondes avant qu'il n'y ait prise de conscience. Le délai est vraisemblablement causé par un réseau de zones de contrôle de haut niveau qui commencent la préparation d'une décision à venir bien avant que la conscience n'entre en jeu. »*

La conscience du Prof. Haynes connait donc la décision prise avant celle du sujet, car le subconscient du sujet a déjà pris la décision, ce qui peut être observé sur les IRMfs. Il est intéressant de noter que cela montre aussi que même des parties du *cortex préfrontal* (le siège de la conscience) font partie du subconscient – ce qui souligne, une fois de plus, l'influence du subconscient sur notre comportement journalier.

> *« Une des choses regrettables quand à notre système d'éducation est que nous n'apprenons pas à nous étudiants à utiliser leurs aptitudes subconscients. »*
> *- Bill Lear*

Le cerveau, qui représente 2% de notre masse corporelle totale, utilise une large quantité de l'énergie de notre corps – entre 20% et 30% du glucose et de l'oxygène présents dans le sang. Diverses mesures y existent afin d'éviter les dépenses d'énergie inutiles. Par exemple, le cortex préfrontal ne peut pas tracer les idées à leur genèse, ce qui entraîne le sentiment de contrôle de la conscience. Nous avons tendance à penser que nos décisions sont prises consciemment alors que le subconscient l'a sûrement déjà fait en amont. Le subconscient n'a que faire de la partie du cerveau qui est reconnue pour telle ou telle décision, tout ce qui lui importe, c'est la survie de votre corps et la propagation de vos gènes.

Voici un exemple des avantages à avoir un *pilote automatique* subconscient performant et surtout, rapide : si vous avez déjà participé à un sport qui demande de bons réflexes ou eu l'occasion d'assister à un match (non-professionnel), vous apprécierez l'absence de délai de réaction lorsqu'il faut renvoyer un service à 160 km/h ou renvoyer une balle de baseball qui prend un virage au dernier moment – ce *temps de réaction* correspond notamment au temps qu'il faut à l'information pour parcourir votre subconscient et arriver à votre cortex préfrontal. Si vous connaissez bien ces cas de figures et que vous avez développé un talent pour les activités physiques rapides, vous savez que pour être au top, il ne faut pas perdre son temps à penser et tout analyser consciemment – il est plus efficace de considérer l'expérience comme un flux continu (plutôt qu'une collection de décisions distinctes entre lesquelles il faut s'arrêter puis repartir) où le subconscient prend le contrôle pendant que la conscience va s'asseoir dans les tribunes. Dans cet état de flux subconscient forgé au fur et à mesure de la pratique, vous pouvez réagir à un service rapide comme l'éclair ou à une balle courbe rapide. C'est dans ces situations que le subconscient prend des décisions pour vous, avant que deux secondes ne se soient écoulées – réagir après ce seuil de deux dixièmes de seconde revient à réagir consciemment et entraîne des réflexes plus lents. Les athlètes professionnels, lorsqu'ils sont dans cet état de flux, ajustent constamment des réglages minutieux dans leur technique et réagissent en moins deux dixièmes de seconde, en utilisant leur subconscient.

Le Mécanisme du Choix

Continuons sur le thème de la prise de décision. Le thalamus (subconscient) présente à la conscience (cortex préfrontal) des choix de la sorte :

> « *Préféreriez-vous faire A, B, C ou D... ?* »

C'est tout. Le thalamus est un agent clé au sein du cerveau qui guide discrètement chacun de vos choix. À vrai dire, le thalamus ne vous donne pas *seulement* les options « A, B, C ou D », il vous donne également le type d'indications suivantes :

> « *Si vous choisissez A, je vous accorderai cette fantastique dose de plaisir, sous forme de dopamine ; si vous choisissez B, je vous en donnerai moins ; si vous choisissez C ou D, je diminuerai le niveau de dopamine jusqu'à ce que vous vous sentiez mal.* »

Voilà ce que le thalamus appelle nos *options*. Voilà l'étendue de notre libre arbitre. Parfois, vous savez que les options C ou D sont celles qui sont logiquement dans votre plus grand intérêt – comme étudier pour un examen. Oui, nous pouvons consciemment choisir C ou D, et c'est cela même qu'est la volonté – mais comme vous le comprenez bien, choisir certaines de ces options peut s'avérer épuisant.

Alors la prochaine fois que vous savez qu'il est temps de faire un peu d'exercice, mais que vous ne vous *sentez* pas la motivation de le faire... remerciez votre thalamus d'avoir placé *aller à la salle de sport* comme option C ou D, de l'avoir considéré comme un des choix qui s'offrent à vous.

Maintenant, supposons que vous vous traîniez jusqu'à la salle de sport à cinq heures du matin, malgré la chute du niveau de dopamine entraînée par le thalamus – lorsque vous arrivez sur les lieux et que vous entamez votre séance, vous vous sentez vraiment bien, et le ganglion de la base ainsi que l'hippocampe feront part de cette information au thalamus. Voici ce que le ganglion de a base et l'hippocampe lui communiqueront :

> « *Eh, thalamus, c'était super d'aller à la muscu'. On a bien aimé et la conscience a apprécié que ce soit fait.* »

Cela étant dit, le thalamus vous forcera à répéter l'activité des douzaines de fois avant qu'il n'y ait une progression puis un reclassement et qu'*aller à la salle de sport* ne passe d'option C ou D à option A ou B, plus chaudement recommandées par le thalamus. Vous avez sous les yeux l'origine même des habitudes.

Quelqu'un qui fréquente une salle de sport tous les jours depuis un mois aura beaucoup moins de mal à continuer d'y aller comparé à quelqu'un qui en fait autant par la force de sa volonté depuis une semaine ou deux seulement. Le comportement se transforme en habitude lorsque le thalamus est enfin persuadé (basé sur les statistiques relevées par l'hippocampe et le ganglion de la base) que ce comportement mérite une position au rang d'option A ou B plutôt qu'à celui d'option C ou D plus défavorisées.

Cela nous amène à la réalité neurobiologique qui est que le thalamus, le ganglion de la base, l'hippocampe et les amygdales, manipulent vos pensées tout au long de la journée. Et la raison pour laquelle ils fonctionnent tous les quatre de cette façon, s'explique par le fait que pendant des millions d'années d'évolution, à eux quatre, ils ont formé un conseil qui prenait toutes les décisions clés dans le cerveau. Votre cortex cérébral puis votre cortex préfrontal furent les dernières parties du cerveau à se développer. Le cortex cérébral existe chez tous les mammifères, et le cortex préfrontal nous définit en tant qu'êtres humains. Nous disposons en nous d'une conscience, d'une sagesse et potentiellement d'une âme, ficelées à un cerveau de dauphin. Je n'ai jamais essayé de convaincre un dauphin d'aller faire du sport à cinq heures du matin, mais je ne doute pas que ça demanderait de sacrés arguments – sauf si le dauphin était déjà habitué à faire des longueurs tous les matins. Mon intention n'est pas de minimiser la grandeur de la condition humaine, mais plutôt de reconnaître l'ampleur des défis à relever sur la route qui mène à changer la trajectoire de notre vie vers la grandeur qui nous attend tous au bout de ce chemin – dans notre Monde Parallèle Idéal (MPI). Grâce au cortex cérébral, nous ajoutons la conscience, l'esprit et la rationalité au modèle du mammifère bipède à cerveau de dauphin. Nous contrôlons notre destinée et ce corps peut devenir le serviteur de notre volonté consciente, mais seulement une fois que nous aurons appris à communiquer pleinement avec lui. C'est à nous de combler le fossé entre notre conscient et notre subconscient.

LE SUBCONSCIENT ET LES MONDES MULTIPLES

La « fonction d'onde » de nos vies – le flux. La profusion de résultats distincts potentiels de chaque instant, certains plus probables que d'autres... Quelle est la force qui détermine lequel de ces résultats se réalisera lorsque nous prendrons conscience de l'image dans laquelle nous nous trouvons ?

Nous examinons ici le pouvoir de chacun d'entre nous de déterminer laquelle de ces possibilités se matérialise lorsque la fonction d'onde s'effondre, d'un moment à l'autre – image par image, une prise de conscience à la fois. La nature de cet effondrement de la fonction d'onde est déterminée par notre concept de nous-mêmes stocké au sein de notre subconscient. Notre subconscient est conscient des mondes multiples existant simultanément et choisit la réalité dans laquelle nous continuons d'exister en s'appuyant sur notre image de soi.

> « Honnêtement, j'en ai assez de mon subconscient
> – parfois il n'en fait qu'à sa tête. »
> - Alexei Sayle

Si nous acceptons que la neuroscience nous démontre que le rôle du subconscient est d'amasser des rafales violentes d'information provenant de tous nos sens puis de concentrer notre conscience sur une mince bande de perception, nous devons alors faire le lien avec notre objectif de Voyager à Travers les Mondes Parallèles pour Atteindre nos Rêves. Dans une réalité où le scénario des mondes multiples se déroule, un moment après l'autre, il est cohérent d'accepter que le subconscient aurait la responsabilité d'analyser toutes les bifurcations qui se trouvent sur ce chemin ramifié et de rétrécir le nombre de possibilités ouvertes à nous pour que l'on puisse se concentrer sur une seule ou seulement une poignée de ces possibilités. Notre subconscient est tout à fait conscient des mondes multiples.

Notre subconscient est comparable à un superordinateur quantique et peut nous guider tout au long du chemin traversant les mondes multiples jusqu'à notre Monde Parallèle Idéal (MPI), tant que nos intentions sont claires. L'idée que notre subconscient nous guide le long d'une route distincte à travers les mondes multiples suggère soit que le subconscient (et non la *conscience*) décide quels mondes sont accessibles à tout moment, soit qu'il vous seconde lors de votre prise de décision consciente qui vous servira ensuite à vous rapprocher de votre MPI. Je pense que ces deux points de vue sont tous les deux corrects, je vous laisse choisir celui qui vous conviendra personnellement le mieux. C'est un fait bien connu des psychologues que, comme nous l'avons vu, lorsqu'il est question de consciemment prendre une décision, l'influence du subconscient est dominante par rapport à celle de la conscience. De ce fait, il est indéniable que votre subconscient jouera un rôle majeur tout au long de votre quête de succès.

Accéder à votre subconscient, c'est accéder à votre *vous supérieur*. Accéder à la totalité de votre esprit, c'est accéder à la totalité de votre potentiel. Vous accomplissez votre éveil et vous vous rapprochez de l'ascension lorsque vous accédez à votre vous supérieur. Cela représente qui vous êtes dans votre intégralité – il s'agit ici de complétion de soi par l'accès à tous les aspects de l'esprit. Ce vous supérieur est conscient et contrôle tous les mondes divers entrecroisés et toutes les images des instants présents en train de se dérouler. Le subconscient est conscient de cette réalité aux mondes multiples dont nous faisons tous partie, et il peut vous guider vers une efficacité accrue, un succès plus grand et un immense développement au sein de cette réalité complexe.

Votre subconscient manœuvre sans cesse à l'arrière-plan, en sélectionnant les probabilités qui vous amèneront plus près des réalités qui correspondent le mieux à votre concept profond de soi. En partant d'une infinité de probabilités et de possibilités, le subconscient a le pouvoir de choisir ce qui se déroule sous vos yeux. Pour rectifier votre existence – l'image dans laquelle vous vous trouvez –, il vous faudra donc entreprendre la tâche considérable de recalibrer votre subconscient. Une fois que le subconscient saura ce que vous comptez accomplir, il commencera à adapter la façon dont il fait écrouler la fonction d'onde pour que cela serve au mieux vos intérêts. Le subconscient est une force qui vous guide tout au long de votre vie. Le subconscient masque ou dévoile de nombreux chemins potentiels basés, selon lui, sur ce qui représente une réalité consistante pour vous. Tout comme le thalamus ne vous montre qu'une courte liste d'options *A*, *B*, *C* ou *D* présélectionnées, le subconscient ne vous montre que les options du *monde parallèle A*, *monde parallèle B*, *monde parallèle C*, etc. – nous les appellerons également *chemin A, chemin B, chemin C* ou *chemin D*.

Par exemple : Si vous cherchez du travail, et que vous pensez exceller dans un certain environnement, votre subconscient vous montrera un chemin qui vous conduira vers un poste affilié à ce domaine ou un chemin qui vous amènera à améliorer vos compétences pour ensuite décrocher ce poste. En revanche, si vous ne pensez pas être capable de vous adapter à la plupart des postes du monde de l'emploi, votre subconscient vous fera alors fixer votre attention sur des emplois potentiels moins ambitieux

– le subconscient vous guidera le long d'un chemin médiocre cohérent avec votre système de croyances personnelles et vos expériences passées.

Le subconscient choisit le prochain monde parallèle dans lequel nous pénétrerons. Notre subconscient choisit, dans ce panorama de possibilités, à quel endroit chacune de nos attentes se matérialisera. Le *secret* dans cette réalité, voyez-vous, c'est que la conscience ne se trouve pas à la place du conducteur. C'est le *subconscient* qui tient les rênes. Pour voyager à travers les mondes parallèles, nous devons utiliser notre moment de conscience, de lucidité, pour influencer le subconscient et l'aiguiller pour qu'il matérialise les pièces du puzzle qui vous rapprocheront le plus de votre Monde Parallèle Idéal.

Plus loin dans ce chapitre, nous verrons comment se brancher au subconscient et altérer nos croyances subconscientes pour accéder à des paradigmes qui vous aideront au cours de votre voyage vers votre Monde Parallèle Idéal (MPI). Mais tout d'abord, continuons de développer notre compréhension de la façon dont le subconscient manipule notre perception du monde, de la réalité et de nos possibilités.

CE RÊVE

Lorsque nous entrons en phase de *sommeil paradoxal* et que nous commençons à rêver, nous pénétrons dans un monde fabriqué de toutes pièces par le subconscient basé sur nos expériences de notre dernière journée, de notre dernière semaine et de notre vie toute entière. Votre subconscient vous leurre nuit après nuit, car sur le coup, tous ces rêves paraissent bel et bien réels. Et que fait le subconscient lorsque nous sommes éveillés ? Il utilise 95% de la capacité de traitement de notre cerveau. Ce même subconscient qui élabore le monde de nos rêves est la partie la plus effervescente de l'esprit tout au long de notre éveil – pensez-y un instant. Mais que peut-il bien faire !? Le subconscient est toujours là dans le fond, concentré, bouillonnant, occupé à exécuter des programmes, à vous dire exactement sur quoi vous focaliser et quoi ignorer. Le subconscient est-il l'architecte du monde que la conscience perçoit ? Notre réalité lucide n'est-elle qu'une illusion ?

Ces questions sont tout à fait pertinentes. Je suggère que c'est une illusion. Je suggère qu'en ce moment même, vous êtes en train de rêver. Je pense qu'une fois que vous aurez intégralement compris comment les illusions fonctionnent, vous développerez la faculté de remodeler le monde qui vous entoure. Vous avez peut-être déjà essayé de faire des rêves lucides ? Imaginez le bonheur que vous procurera la vie lucide une fois que vous en aurez déchiffré le code. Votre pierre de Rosette est de passer maître dans l'art de planter des idées dans le subconscient. Dupez votre subconscient en lui présentant une vision modifiée de la réalité, tout comme il vous a leurré toute votre vie. C'est un cycle ; nous pouvons utiliser la conscience pour introduire des idées au sein du subconscient – des idées puissantes, qui soulèveront des montagnes une fois qu'elles auront pris racine.

> « C'est à cause de votre incrédulité, leur dit Jésus. Je vous le dis en vérité, si vous aviez de la foi comme un grain de sénevé, vous diriez à cette montagne : Transporte-toi d'ici là, et elle se transporterait ; rien ne vous serait impossible. »
> - Matthieu 17.20

Cette foi doit se trouver dans toutes les parties de l'esprit concernés par l'expression de l'énergie : la conscience influence le subconscient puis, à son tour, le subconscient influence la conscience.

Conscience → Subconscient → Conscience

Une fois de plus, ceci est une superposition d'idées littérales et d'idées métaphoriques : vous n'êtes pas tenus d'interpréter que ces paragraphes dépeignent le monde comme un hologramme de qualité, comme une version plus dense d'un rêve ; je ne sous-entends pas que vous vous réveillerez un jour de ce *rêve* sans passer par la mort ; je suggère simplement que le subconscient est si puissant qu'une fois que vous aurez un contact intégral avec lui et que vous aurez appris à altérer ses convictions, vous aurez un contrôle considérable sur la réalité. C'est comme si, en réalité, le monde était un rêve de qualité, façonné par votre volonté.

Pendant la plupart de notre vie, nous avons pensé que nos rêves nocturnes n'étaient que fictifs, de simples produits de ce qui importe vraiment : notre réalité éveillée. En l'occurrence, il s'avère que l'inverse est tout aussi vrai – ce que nous programmons au sein de notre subconscient modèle le monde à notre éveil. Pour ainsi dire, c'est l'expérience subconsciente qui est la plus importante. L'esprit des rêves est plus puissant que la conscience. Par ailleurs, la conscience influence l'esprit des rêves. De ce fait, en utilisant les émotions et en les focalisant sur les comportements, les attitudes, les habitudes et les styles de vie que l'on souhaite adopter, il est possible de planter ces idées au sein du subconscient pour qu'il les matérialise enfin au milieu de la réalité.

LA TRIPLE MANIPULATION

Le subconscient altère constamment non seulement votre vision du présent et les opportunités que vous verrez dans le futur, mais également le passé qu'il remanie souvent. Le subconscient manipule directement vos souvenirs des événements passés. Chaque fois que vous vous remémorez un souvenir, le subconscient vous le présente après l'avoir altéré de façon à ce qu'il s'accorde à votre vision actuelle du monde. C'est un phénomène bien documenté en psychologie et appelé le *paradigme des informations trompeuses*. C'est une des raisons pour lesquelles les témoignages oculaires sont considérés comme peu fiables par les tribunaux s'ils ne sont pas corroborés par plusieurs autres témoignages provenant de témoins différents ou par des preuves matérielles.

« La théorie quantique implique que le système physique auquel nous appartenons n'a pas qu'une seule histoire, mais plutôt plusieurs, chacune associée à une probabilité différente. »
– Stephen Hawking

Lorsque nous utilisons notre conscience pour modifier notre *concept de soi* que le subconscient a sauvegardé pour nous, nous entraînons également sa manipulation de notre passé, de sorte qu'une opportunité nous est ainsi offerte de le façonner d'une manière telle qu'il nous inspirera et nous motivera.

Une fois positionné sur notre route vers notre Monde Parallèle Idéal, le subconscient commencera à modifier notre mémoire pour s'assurer de notre poursuite du bon chemin. Cela peut sembler inquiétant, mais prenez en compte que ce procédé est permanent, et se déroule en ce moment même ; ce que vous êtes en train d'enclencher en utilisant l'approche Conscience → Subconscient → Conscience, c'est l'assurance que cette manipulation inévitable est dans votre intérêt et va dans votre direction, celle qui mène à votre Monde Parallèle Idéal.

« Les événements que nous pensons se dérouler dans une seule direction peuvent également se dérouler à l'envers. »
– Brian Greene, NOVA,
L'Illusion du Temps (« The Illusion of Time »)

Comment Programmer notre Subconscient

Nous programmons notre subconscient chaque jour lorsque nous réagissons de manière émotive aux événements qui nous entourent. Nos émotions impriment des souvenirs sur notre subconscient et nous permettent de revivre à l'avenir les expériences ainsi gravées. Au cours de notre journée, notre principal but doit être de programmer notre subconscient efficacement en teintant le type d'événement que nous voulons être ramenés à répéter d'émotions positives. En résumé : ressentez un lot d'amour, de joie et de gratitude maximal pour les activités, les événements et les circonstances que vous voulez réitérer au cours de votre vie, et n'en ressentez que le minimum pour les situations que vous ne voulez pas voir se renouveler. Ce sur quoi nous nous focalisons, à travers le prisme de nos émotions, s'amplifie. Ce que nous ressentons fortement gagne en importance.

95% contre 5%

Comprenez bien que 95% de notre comportement est guidé par notre subconscient, et les 5% restants par la conscience. Nos désirs, nos souhaits et nos espoirs ne représentent que 5% de ce que nous ferons quotidiennement, à moins de mettre le subconscient à profit. C'est le seul moyen de faire grimper leur degré importance au-delà du vingtième. Se forcer vingt-quatre heures sur vingt-quatre, sept jours sur sept est éprouvant et peut mener à l'échec, pour cause d'épuisement ou, tout simplement, de résultats insuffisants ou trop lents. Il est cependant important de noter que ce qui est accompli par le biais du subconscient est facile et automatique ; cet état fluide est assez littéralement celui dans lequel notre conscience n'a plus besoin de lutter contre notre subconscient ; ce qui nous permet de nous détendre et de laisser une force plus grande prendre les rênes pour aller dans la direction que nous avons programmée.

Si nous n'avons pas pris l'habitude de ne laisser s'insérer que des pensées motivantes et transcendantes au sein de notre subconscient en grandissant, alors la grande majorité des programmes qui le régissent provient de nos parents, de nos amis, de la société et de notre environnement en règle générale. Certains sont remarquables, sans aucun doute – vos parents vous ont peut-être élevé en vous disant que vous pouvez réussir tout ce que vous entreprenez, vos amis vous ont peut-être dit que le succès et la popularité sont à portée de main, tout comme votre programmation est peut-être saturée de convictions et de doutes qui vous freinent. Quel que soit votre cas, ce livre entre vos mains peut vous apprendre à reprogrammer votre esprit, de maintes façons dont l'*auto-suggestion* et l'*auto-hypnose* journalières, pour commencer à fabriquer les automatismes qui vous serviront par la suite. Le grand concept à assimiler ici est le suivant : la façon la plus efficace et naturelle d'insérer de nouvelles habitudes est d'implanter ces idées dans le subconscient au lieu de batailler pendant les longs mois nécessaires à un changement d'habitudes plus classique – à coup de volonté et de conscience. Idéalement, vous devriez faire les deux, mais une fois de plus, n'oubliez pas que le subconscient représente 95% de votre comportement et la conscience, seulement 5%.

Que l'on s'en rende compte ou non, nous introduisons constamment des idées dans notre subconscient par le biais de nos pensées, nos décisions, nos peurs et nos affirmations conscientes.

Tout ce à quoi vous pensez, ce sur quoi vous vous focalisez et ce que vous considérez consciemment est immédiatement déversé dans votre subconscient. Chaque pensée, chaque moment que vous passez à évaluer une idée est la garantie qu'une certaine proportion de cette idée et de ce niveau de pensée restera avec vous pour le reste de votre vie. Passer ne serait-ce que dix secondes à vous concentrer sur un sujet qui ne sert pas votre objectif revient à investir votre énergie sur une voie qui vous éloigne un petit peu plus de la façon dont vous vous définissez. Plus votre conscience se focalise sur ce que vous voulez, plus votre subconscient vous mènera vers un chemin qui respecte votre objectif, tout au long de votre vie. Plus votre conscience fixe un point précis et plus votre subconscient prend le dessus et focalise la conscience sur ce but ; c'est un cycle robuste et continu.

Il n'est pas inexact de se voir, à cet égard, comme un ordinateur où il est simple de faire une mise à jours des programmes et des logiciels du système. L'outil adapté pour ces actualisations est – vous l'avez deviné – le subconscient. Le subconscient est la partie cachée de l'iceberg – la conscience, c'est la partie visible que l'on commande directement. Essayer de changer ses habitudes et son comportement par le biais de la conscience en se motivant pendant la journée peut être utile mais constitue un travail éprouvant et, en fin de compte, inutile. Implantez une idée au sein du subconscient puis asseyez-vous dans les gradins et contemplez comment votre propre motivation et votre propre énergie se réalignent d'elles-mêmes avec cette idée. Cela représente beaucoup moins d'efforts – à vrai dire, arrivé à ce point, cela demanderait plus d'effort de ne pas suivre l'idée insérée dans le subconscient.

Positiver est naturel pour les gens qui réussissent – une fois lancés, il y a de grandes chances pour que le succès fasse boule de neige. C'est l'environnement dans lequel naissent ces fortunés, mais le contraire est vrai aussi. Votre programmation mentale doit sans cesse être mise à jour et être perfectionnée. Cela fait partie de l'expédition vers votre SIP ainsi que du processus naturel de maintenance pour continuer à s'adapter constamment à la nature de notre environnement qui évolue elle aussi constamment.

L'INCEPTION

Il est de votre responsabilité de passer maître dans l'art d'implanter des idées dans votre propre subconscient – cela vous apportera le pouvoir de modifier votre propre comportement, la capacité à accéder à une infinité d'informations et votre faculté de modifier la réalité s'accroîtront exponentiellement. Le jeu de la vie se joue au sein du subconscient – c'est là que se trouve le champ de bataille –, les scripts de nos vies toutes entières se trouvent en son sein. Afin de changer votre vie, changez les pensées de votre subconscient.

« *Il parle par des songes, par des visions nocturnes,*
Quand les hommes sont livrés à un profond sommeil,
Quand ils sont endormis sur leur couche.
Alors il leur donne des avertissements
Et met le sceau à ses instructions. »
- *Job 33.15-16*

Nous sommes tous appelés à effectuer une inception d'idée. L'inception d'une idée, ou le *commencement* d'une idée, peut être mieux comprise en regardant le thriller de science fiction dirigé en 2010 par le grand Christopher Nolan. Dans ce film, *Inception*, le protagoniste doit entreprendre la tâche délicate de semer une idée dans le subconscient d'une victime sans que celle-ci ne s'en rende compte. De la même façon, l'essence même de la stratégie de vie est d'utiliser l'inception d'idée – le subconscient dans lequel vous pénétrez est simplement le vôtre. C'est dans votre propre esprit que vous devez implanter les idées de prospérité et d'abondance. Vous devez implanter ces idées de manière consistante jusqu'à ce qu'elles grandissent par elles-mêmes – qu'elles se propagent et qu'elles se multiplient comme un virus –, qu'elles diffusent cette contagion de possibilités partout et dans chaque neurone.

Créer une image de votre Monde Parallèle Idéal est vital et vous trouverez cette image bien utile une fois que vous aurez commencé à implanter des idées au sein de votre subconscient. Cette représentation vous permettra d'être en phase émotionnellement et intellectuellement avec les éléments de votre Monde Parallèle Idéal. En captant la longueur d'ondes sur laquelle vous serez une fois dans votre Monde parallèle Idéal, vous permettez à votre cerveau de se concentrer sur les informations et les idées liées à votre arrivée dans ce MPI.

> *« La conscience pourrait être comparée au jet d'une fontaine pétillant au soleil puis sombrant dans un bassin souterrain subconscient duquel il émerge. »*
> - *Sigmund Freud*

COMMENT ACCÉDER AU SUBCONSCIENT

Plus vous accédez consciemment à ce lien qui relie la conscience au subconscient, plus il se renforce, fortifiant la connexion entre les deux. Toutes les activités que nous sommes sur le point de voir demandent de l'entraînement, mais notez bien qu'accéder au subconscient est une compétence de vie qui vous sera utile jusqu'au jour ou vous quitterez cette terre ; alors adoptez ces exercices et entraînez-vous à les utiliser d'une manière ou d'une autre. Consolider la connexion entre ces deux parties de votre esprit est important et c'est la façon la plus susceptible de vous rapprocher de votre Monde Parallèle Idéal.

Lorsque nous naissons, nous utilisons près de 100% des capacités de notre cerveau car lors des premiers stades de la vie, l'évaluation consciente de l'environnement par le bébé est très peu élevée. C'est une des raisons pour lesquelles les enfants apprennent aussi vite, notamment les langues, la marche, la socialisation, et tout le reste – en quelques années seulement. À partir de l'âge de cinq ou six ans, nous commençons à nous appuyer davantage sur la conscience ; nous réduisons ses connexions avec le subconscient et commençons à compter plus sur les processus structurés et formels de la conscience, indispensables à un cursus scolaire épanoui. Une grande partie de la créativité et de l'imagination est perdues au fur et à mesure de notre adaptation progressive à la structure et à la formalité de l'école puis du travail. Ranimer ce lien entre ces deux parties de l'esprit est primordial au voyage vers votre MIP. À vrai dire, sans une solide connexion entre ces deux alliés, vos chances de succès sont quasi-nulles.

Et maintenant, je vais vous présenter vingt et une méthodes pour favoriser le chemin d'accès à votre subconscient. Chacune de ces approches vise à vous amener à un état de rêve éveillé dans lequel l'*inception* d'idées, de paradigmes et de nouveaux comportements sont possibles. Chacune de ces vingt et une méthodes vous guidera jusqu'à un état de conscience élevée, directement ou, le plus souvent, au fil des répétitions. Avant d'appliquer ces méthodes, rappelez-vous que votre objectif central est d'aligner les pensées de la conscience ainsi que celles du subconscient avec votre Monde Parallèle Idéal. Il est donc essentiel que votre conscience et votre subconscient soient en accord pour arriver à vos fins. Je serai votre guide tout au long de chacune de ces vingt et une parties.

Remanier son Chemin Cognitif

Prenez le temps, au moins une fois par semaine, d'écrire tout ce qui vous vient à l'esprit. Avant de démarrer cet exercice, il est important de faire le vide dans votre esprit. La meilleure façon de purger votre conscience est de fermer vos yeux et, pendant vingt secondes, de vous concentrer seulement sur votre respiration. Avec la pratique, vous arriverez à accéder au subconscient et impliquerez votre esprit au-delà de la conscience dans cette activité. Pour la plupart des personnes, cela commence avec la conscience ; le subconscient ne s'investit dans ce procédé que plus tard. Couchez simplement vos pensées sur le papier ; un sujet prédéfini n'est pas nécessaire. Je vous recommande de commencer un journal (qui vous sera d'ailleurs également utile lors des autres activités présentées dans cette section) et d'y laisser une page vierge pour chaque jour réservée à cet exercice. Après avoir noté votre cheminement cognitif plus d'une douzaine de fois, vous pourrez poursuivre cette activité avec un sujet prédéterminé. Ces écrits seront un atout précieux pour accéder à votre intuition ainsi qu'une source de créativité.

Le Cerveau Droit

Pratiquez une activité créative. L'art, dans nombre de ses formes, fortifie le lien entre la conscience et le subconscient. Peindre, cuisiner, tourner des films, dessiner, écrire des sketchs, écrire de la poésie, conter des histoires, jardiner, une infinité d'options s'ouvrent à vous... La simple pratique de l'une de ces activités suffit à contacter le subconscient, les pensées créatives renforçant le lien entre les parties logiques et créatrices du cerveau. Le subconscient est étroitement lié aux activités mentales créatives.

Comprendre le Cerveau

Informez-vous sur l'esprit et le rôle du cerveau dans le domaine de la psychologie. Je vous conseille le livre *Les Étonnants Pouvoirs de Transformation du Cerveau* de Norman Doidge M. D. Lisez des ouvrages et regardez des émissions sur le subconscient, mais n'adopter que les concepts qui vous rendent plus fort. Le pouvoir du subconscient est infini ; trouvez des moyens pour le dynamiser, et rejetez ceux qui limiteraient votre potentiel. Si vous en avez l'occasion, assistez à un cours de *Psychologie Positive*.

Amorcer l'Inception

Comment nous l'avons vu plus haut, l'inception fait référence à un point de départ. Dans votre cas, c'est le départ d'une nouvelle idée, d'un paradigme ou d'un concept que vous allez implanter au sein de votre propre subconscient. Votre esprit est particulièrement perméable à l'inception juste avant de s'endormir ou à votre éveil le matin. À ces moments précis, vous disposez d'une fenêtre de soixante secondes donnant à peu près directement sur votre subconscient. Vous pouvez donc vous y livrer à ce que l'on appelle l'*autosuggestion*. Détectez ce moment de votre réveil où, pendant un bref instant, vous êtes dans un état plus proche du sommeil que de l'éveil et pendant lequel vous ne pourriez répondre à aucune question analytique – qui serait pourtant un jeu d'enfant pour vous en cours de journée. C'est à cet instant précis que si vous affirmez quelque chose – le cerveau n'ayant pas encore la lucidité de vous dire « Ah, ça, ce serait difficile à faire » ou encore « Non, correction, tu n'es pas *charismatique*, tu es *barbant* » –, le subconscient vous entendra et enregistrera le plus efficacement ce que vous lui affirmez. Si vous recevez une réponse intérieure négative à une de ces affirmations, vous saurez que c'est bel et bien votre conscience qui vous répond.

Ainsi, chaque nuit, juste avant que les Zzzzzzzs ne vous emportent – et tous les matins, à votre réveil –, lisez mentalement votre plan pour arriver à votre SIP ou votre MPI. Fixez une date limite pour arriver à votre but – tout en restant calme et serein, comme si vous l'aviez déjà atteint.

1ère étape : Énoncez mentalement cet objectif et sa date de complétion fixée.

2ème étape : Concentrez-vous sur ce but et ressentez l'émotion d'avoir déjà atteint ce but.

Ce procédé remanie votre cerveau immédiatement de façon mesurable. C'est la tâche que le cerveau exécute lorsque vous dormez – il renforce ou atténue certaines connexions neurologiques. En indiquant clairement ce que vous avez l'intention d'accomplir avant de sombrer dans le sommeil, vous faites savoir à votre cerveau que les liens neurologiques formant ce concept que vous visez sont à fortifier. Pendant votre sommeil, le cerveau créera de nouveaux liens, de nouveaux circuits et de nouvelles routes menant à votre Monde Parallèle Idéal. Ce procédé crée des connexions dans le cerveau jusqu'à l'idéal ciblé, et ces connexions stimulent à leur tour le subconscient pour trouver des chemins vers votre MPI dans la réalité.

En résumé :

Pour créer un chemin entre votre position dans le monde matériel et votre Monde Parallèle Idéal, le cerveau doit tout d'abord établir un chemin mental entre les idées dans votre esprit et celles de votre Monde Parallèle Idéal.

Le subconscient peut ainsi créer un chemin reliant une conversation que vous avez eu il y a un mois avec cette idée nouvelle de MPI que vous avez implantée en son sein. Ainsi, à votre réveil, vous aurez soudain un aperçu d'une nouvelle démarche que vous pourriez entreprendre et qui vous rapprocherait de votre MPI ; vous réaliserez ensuite le lien entre cette conversation et cet aperçu. Ou bien vous aurez un rêve qui déclenchera une idée en vous à travers une conversation avec Dieu lui-même – ces conversations produisent des résultats étonnants qui prennent de nombreuses formes. En métaphysique, on sait bien qu'une conversation avec Dieu est toujours une conversation avec vous-même, avec votre propre personne. C'est comme cela que le subconscient aide la conscience. Il suffit d'être précis lorsque vous implantez des idées, que ces idées soient formulées positivement, et qu'elles soient empreintes d'émotions pour que le subconscient sache qu'il faut il y prête attention – qu'elles ne sont pas simplement un de vos songes aléatoires.

Les Écoutes Nocturnes

Sélectionnez la musique de fond de vos nuits avec précaution ou n'en sélectionnez pas du tout (assurez-vous également que la bande-son choisie ne perturbe pas votre sommeil, en évitant les morceaux avec des montées de décibels ou trop vifs). Le bruit de fond lorsque vous dormez trouve le moyen de s'inviter dans nos rêves. Rappelez-vous que bien que votre conscience ne puisse pas entendre les sons extérieurs lorsque vous dormez, votre subconscient enregistre un grand nombre de ces sons. Le subconscient surveille votre environnement sonore car, à tout moment, si un danger se manifeste, il devra vous réveiller coûte que coûte. C'est comme cela que les bruits qui vous entourent se retrouvent intégrés à vos rêves.

Passer du Temps Seul

Chaque phrase formulée près de vous et chaque idée exprimée par votre entourage est enregistrée par le subconscient. Même si l'idée est rejetée par votre conscience ainsi que par votre subconscient, l'esprit l'assimile et l'hippocampe ainsi que le ganglion de la base l'ajoutent à leur registre de possibilités. Être seul, c'est trouver un havre de paix temporaire, un refuge étanche à ce bombardement constant de pensées externes. Être seul, c'est s'ouvrir à l'écoute de sa voix intérieure ; « *La voix du monde noiera la voix de Dieu, si vous la laissez faire.* » Cela ne veut pas dire que vous devez à présent vous reconvertir en introverti, sauf si cela était votre choix – mais simplement que vous devriez vous donner le temps de vous connecter avec vous-même, de temps en temps.

Être Immobile et Silencieux

À d'autres moments, passez du temps loin du bourdonnement de votre propre cortex préfrontal ; des moments pendant lesquels vous décidez de ne rien faire et de ne rien approfondir, délibérément. Admirer une fleur, suivre une piste, ou passer du temps avec des animaux. Passez un moment au calme, mettez votre téléphone sur silencieux, laissez votre ordinateur se mettre en veille, balancez votre télévision et appréciez le silence.

« Soyons silencieux,
pour pouvoir écouter murmurer les dieux. »
- Ralph Waldo Emerson

Être Concentré

Avoir la conscience fixée sur une idée facilite la tâche au subconscient pour comprendre ce que vous essayer d'accomplir. Focalisez-vous sur votre Situation Idéale Proche ou votre Monde Parallèle Idéal – ou bien sur quelque chose d'encore plus spécifique au sein de votre SIP ou de votre MPI. Cette cible peut être un but précis, un comportement précis ou encore un intérêt pour une personne bien précise. Une concentration ciblée vous sera indispensable jusqu'à ce que vous maîtrisiez la communication avec le subconscient. En quelques semaines, au fur et à mesure que vous perfectionnez cette aptitude, vous vous verrez apprendre plus, avoir plus et être bien plus.

Afin de vous plonger dans la concentration la plus intense pendant quatre-vingt-dix minutes ou plus, il vous faudra laisser le subconscient prendre le dessus. La concentration profonde consciente (initiée par la conscience) épuise le glucose et l'oxygène présents dans le sang à une telle vitesse qu'elle ne peut pas être soutenue plus de quatre-vingt-dix minutes ; l'esprit alors se rabat sur le traitement automatique subconscient lorsqu'une concentration prolongée est encore requise, ou bien l'individu s'épuise et doit se mettre en quête d'énergie et de glucose. Tout cela pour dire que se concentrer sur une seule chose et même pendant une longue période crée un lien robuste entre la conscience et le subconscient. Alors fixez-vous un objectif dans n'importe quel domaine et tenez-vous-y pendant des jours, des semaines, des mois. Si vos pensées conscientes partent dans tous les sens, alors les performances du subconscient seront mitigées, et il vous renverra des incertitudes et de la confusion – un cercle vicieux, en somme. Du fait de la concentration, votre subconscient peut effondrer la fonction d'onde de l'écoulement de la réalité de la façon qui vous aidera le plus dans la poursuite de votre MPI.

Poser des Questions

Posez des questions à votre subconscient et laissez-le trouver les réponses. Au lieu de chercher quelque chose que vous avez oublié sur internet, demandez plutôt à votre subconscient de récupérer les informations pour vous. Donnez-lui d'abord beaucoup de temps – cela lui prendra même peut-être toute une nuit de sommeil mais au fur et à mesure, à force de le solliciter de cette façon, la durée nécessaire à cette tâche diminuera, jusqu'à ce qu'elle devienne pratiquement instantanée.

Explorer sa Passion

Accordez-vous du temps pour vous livrer à une activité que vous aimez, que ce soit un sport, un hobby, une passion, ou quelqu'un avec qui partager un moment. Faire quelque chose que vous aimez vous donne un *boost* d'énergie tel au sein de votre cerveau que vous ressentirez quelque chose de proche d'une énergie spirituelle. Cette sensation de connexion spirituelle fera le tour de votre subconscient puis de votre conscience, renforçant la passerelle qui les relie. Le cerveau crée littéralement des connexions physiques entre les structures neuronales inconscientes et le cortex préfrontal (le *quartier général* de la conscience).

Tenir un Journal des Rêves

Tenez un journal où vous notez vos rêves et réfléchissez à ce qu'ils peuvent bien essayer de vous dire. Un griffonnage rapide à votre réveil suffit (attention cependant à pouvoir vous relire). Vous pouvez également prendre l'habitude d'analyser consciemment vos rêves sous votre douche du matin. Le subconscient essaie constamment de joindre la conscience, tout comme vous, la conscience, essayez en ce moment de contacter le subconscient. Ces deux parties de l'esprit sont faites pour être partenaires. Pour permettre ce travail d'équipe, comme dans toute relation, vous devez écouter le subconscient tout comme il a envie de rentrer en contact avec vous. Prenez quelques minutes pour noter quelques détails de votre dernier rêve – cela vous offrira un aperçu des défis que vous avez relevés consciemment, vous dévoilera la solution à des problèmes que vous rencontrez et vous montrera les domaines qui requerront votre courage.

Déchiffrer vos rêves demandera de la pratique, mais une fois que vous aurez appris à interpréter toutes ces images qui sont autant de métaphores et de symboles, le sens ne vous en échappera plus. Ce journal permet au subconscient de rentrer en communication avec vous, et plus vous l'écouterez consciemment, plus le subconscient vous écoutera à son tout. Si vous demandez au subconscient de vous révéler un meilleur moyen de communiquer, alors avec le temps, il vous le dévoilera. C'est comme demander à un amant(e) « *Que puis-je faire pour mieux te comprendre et pour être plus connecté à toi ?* » – cela peut provoquer de la surprise, voire de la stupéfaction la première fois, ainsi qu'une réponse qui tarde à arriver ; mais au fil de la relation, votre compagne(on) vous donnera plus d'indications, de signes et d'indices pour conserver votre attention. Tenir un journal des rêves, c'est être attentif.

Écouter son Intuition

Si vous avez un pressentiment sur quelque chose de simple, foncez ; suivez votre pressentiment. Il y a des chances qu'au début vous ayez plus souvent tort que raison – cette probabilité dépend de votre expérience dans le domaine concerné : si vous le maîtrisez, vous vous rendrez compte que vous y utilisez d'ores et déjà votre intuition. Le simple fait de se fier à son intuition sur des sujets anodins fait savoir à votre subconscient que vous êtes à son écoute, et que c'est une bonne méthode pour communiquer avec vous. Commencez dans des situations ou l'enjeu est négligeable et vous deviendrez peu à peu expert en l'art d'appliquer cette technique à des fins toujours plus profitables. Dans le monde du travail, lorsque vous êtes en relation avec quelqu'un, on vous demandera toujours la raison logique motivant vos décisions - pourtant simultanément, assurez-vous d'exercer votre intuition. Sur votre chemin vers la maîtrise de la réflexion intuitive, vous apprendrez à utiliser votre instinct pour former une hypothèse puis à ensuite établir le lien logique requis pour communiquer la conclusion que vous avez atteinte.

La Positivité

Éliminez les expressions comme « impossible », « je ne peux pas » et « essayer » de votre vocabulaire ; rappelez-vous toujours que les mots ont une grande force. Chaque mot que vous énoncez s'infiltre dans votre subconscient ; utilisez donc plutôt la parole délibérément et avec prudence. Dans La Bible, Dieu crée la réalité par la *parole* ; et vous, créé à son image, vous devez en faire autant. Chaque fois que vous utilisez la formule « Je Suis », prenez en compte sa signification : « Je Suis », c'est la plus grande de toutes les expressions orales - Je Suis fort, Je Suis capable, Je Suis efficace, Je Suis volontaire, Je Suis heureux, Je Suis satisfait, Je Suis amour - contre Je suis faible, Je Suis instable, Je Suis fatigué, Je Suis mou... ou tout autre blasphème à « Je Suis » jamais prononcé atténuant l'individu. Tous les

« Je Suis » creusent de profondes empreintes au creux du subconscient et vous devenez ce que Vous Êtes. Dans la Bible, lorsque Moïse demande quel est son nom à Dieu, Dieu répond « Je Suis ce que Je Suis. » Vous, à l'image de Dieu, êtes ce que vous dites Être. Si vous dites être paresseux, vous continuerez d'être paresseux ; si vous vous dites déprimé, vous continuerez d'être déprimé ; si vous qualifiez quelqu'un d'idiot, presque tout ce qui sortira de la bouche de cette personne par la suite sonnera idiot à vos oreilles.

L'autodérision montre l'humilité, mais renforce également souvent des comportements négatifs au sein du subconscient. Usez d'autodérision seulement lorsque cela concerne des comportements que vous ne comptez pas changer. Par exemple, disons que vous êtes étudiant et que vous passez des journées de dix heures à la bibliothèque en plein mois de Février ; vous êtes efficace et ça vous plaît, mais vos amis se moquent de ces tendances intellectuelles – vous pourriez avoir recours à l'autodérision et blaguer sur la quantité de temps que vous passez dans vos bouquins ; cette autodérision est acceptable puisque vous comptez bien continuer ainsi ; mais vous ne devriez pas y avoir recours si vous étiez en train d'essayer de passer moins de temps à la bibliothèque et plus de temps entre amis. Cela ne veut pas dire que vous ne devriez pas être humble ou que vous devriez vous débarrasser de tout sens de l'humour ; choisissez simplement vos mots avec soin, en toute humilité et quel que soit le ton, car le subconscient, lui, par contre, n'a aucun sens de l'humour – il prend tout très littéralement.

Assurez-vous que vos paroles soient conformes à vos intentions. Si vous comptez être courageux, alors assurez-vous que *courage* soit le maître-mot au sein de votre conscience. Débarrassez-vous également des qualificatifs, comme « Je suis brave *la plupart du temps, sauf lorsque je me retrouve nez-à-nez avec un lion.* » Il ne devrait pas y avoir de *mais* (sauf si, bien sûr, craindre les lions ne vous dérange pas – ce qui, en soi, est compréhensible ☺). Même si, à la base, vous avez bel et bien peur des lions, articuler cette peur ne fait que la renforcer. S'il vous faut en premier lieu vous leurrer et proclamer « Je suis courageux lorsque je me retrouve confronté à un lion », alors faites-le. Cette auto-duperie initiale se transforme en réalité à l'instant où l'idée trouve sa place au sein du subconscient.

La Visualisation

Continuons sur l'image du *Lion* – car sa simplicité va être utile à cet exemple –, sans se soucier s'il est vraiment utile de craindre les *Lions* (plutôt que de les respecter en tant que co-prédateurs – *Lion* est capitalisé, vous savez bien pourquoi). Visualisez systématiquement le comportement que vous voulez renforcer. Visualisez le courage lors d'une confrontation avec le *Lion*. À l'avenir, confronté à un *Lion*, vous vous comporterez toujours de la même façon ; vous n'approcherez pas à sa hauteur pour l'assommer d'un coup, ou ne pénétrerez pas dans son territoire sans y avoir été invité – et cependant vous n'éviterez pas une occasion d'aller faire un safari dans les plaines du Serengeti entre amis à cause d'une peur des *Lions* irrationnelle. Imaginez plutôt un scénario où vous vous retrouvez confronté à un *Lion*, et que vous agissez de manière appropriée et courageuse. Si vous n'arrivez pas à vous visualiser agissant courageusement mais toujours de manière appropriée face à un *Lion*, imaginez quelqu'un d'autre qui n'a pas peur des *Lions* dans cette situation.

Dans ce scénario, vous pouvez imaginer Steve Irwin le Chasseur de Crocodile (qu'il repose en paix) nez-à-nez avec un lion et vous représenter comment il gérerait calmement la situation. Steve, s'il rencontrait un lion dans la forêt, resterait probablement face à lui en se retirant lentement, en agrippant une arme de manière intimidante, en donnant une impression d'envergure, tout en reculant lentement jusqu'à la sécurité du véhicule du safari, avec en tête un plan d'action très clair quand à ce qu'il ferait si le lion chargeait avant qu'il ne l'atteigne. Comparez à cela l'approche de quelqu'un ayant peur des lions qui ferait demi-tour et se précipiterait vers le van avant de disparaître à jamais entre les griffes et les crocs du lion en cinq secondes chrono. Une fois que vous visualisez quelqu'un d'autre en train d'accomplir quelque chose qui vous fait trop peur pour que vous envisagiez de l'entreprendre, vous pouvez repasser le scénario en vous mettant à sa place. Ainsi, lorsque le *Lion* de votre vie émerge, agissez-vous calmement et stratégiquement, ou devenez-vous émotif et vous faites-vous manger tout cru ? Le secret est de toujours se représenter agissant en premier, et jamais en second. La visualisation est une technique utilisée par beaucoup d'athlètes de haut niveau qui, jour après jour, pendant leur entraînement, s'imaginent en train de remporter la compétition. C'est le cas du champion qui détient le record de médailles Olympiques obtenues, tous sports confondus, le nageur Michael Phelps :

> *« Il est le meilleur que j'aie jamais vu, et peut-être le meilleur tout court en termes de visualisation.*
> *Il peut visualiser la manche parfaite.*
> *Il peut la voir depuis les tribunes, et il peut la voir comme s'il était dans l'eau. »*
> *- Bob Bowman, l'entraîneur de Michael*

Pratiquez cet exercice de visualisation fréquemment. Vous devez arriver au point où vous pouvez sur commande créer un monde tout autour de vous, composé d'éléments fabriqués par votre esprit. Vous pouvez vous entraîner en imaginant des piles de billets de cent Euros fictifs sur votre bureau – ou même quelque chose de plus modeste, comme une agrafeuse. Mais attention, ceci n'est pas une incitation à la démence, nous parlons ici de comportements contrôlés et conscients. Tout comme au volant, vous pouvez choisir d'ignorer les insultes provenant d'une autre voiture que vous ne recroiserez jamais, vous pouvez, grâce à la visualisation, imaginer dans votre vie quelque chose qui n'y est pas – ou au contraire l'imaginer sans quelque chose qui s'y trouve en ce moment.

Si vous désirez être conscient, vous devez vous représenter et vous imaginer comme tel. Si vous comptez devenir le plus grand érudit de toute l'histoire du monde universitaire, vous devez alors imaginer qu'à cet instant, en ce moment même et non à un moment donné à l'avenir, vous êtes le plus grand des érudits universitaires. Vous devez être ce que vous désirez devenir *maintenant*, et cela demande de l'imagination ainsi que de bonnes compétences de visualisation.

Le subconscient stocke toutes vos expériences passées et travaille constamment d'arrache-pied pour générer un présent qui correspond à ce passé. Le but du subconscient est de vous créer une réalité présente basée sur vos expériences antérieures ; il accorde cependant le plus d'importance aux expériences les plus récentes. Par chance, le subconscient ne peut pas distinguer vos visualisations de vos expériences concrètes, donc si vous visualisez régulièrement la vie que vous rêvez de mener, vous introduirez cette idée au sein du subconscient et l'intégrerez à l'image qu'il se fait de vous. En résumé, le subconscient pense que chaque élément que vous imaginez est un événement concret qui se passe vraiment ; c'est donc dorénavant votre devoir de continuer à le tromper ainsi. Voilà pourquoi l'imagination est aussi essentielle. C'est l'outil qui vous permet de créer un futur qui surpasse votre passé.

Incluez autant de détails que vous pouvez en imaginer. Si vous essayez de visionner la maison de vos rêves, vous devriez aller un pas plus loin qu'imaginer une simple représentation de cette maison et la visualiser en trois dimensions, en vous imaginant y pénétrer, aller d'une pièce à l'autre, interagir avec les objets qui s'y trouvent et y faire des activités.

Comment Visualiser

1. Asseyez-vous confortablement à un endroit où vous ne serez pas dérangé durant les dix minutes qui suivent (mettez votre réveil pour vous prévenir lorsque votre temps sera écoulé – utilisez plutôt une chanson comme sonnerie si cela vous est possible).

2. Décidez exactement quel succès vous voulez visualiser ou quel but vous comptez atteindre.

3. Si possible, regardez une photo du lieu où cet accomplissement se passe (exemple : une photo des plaines du Serengeti ou de votre lieu de travail).

4. Fermez les yeux.

5. Respirez plus doucement, inspirez à fond. Prenez consciemment contrôle de votre respiration.

6. Imaginez votre corps tout entier se détendre, une partie à la fois, de haut en bas : la tête, les épaules, les bras, les jambes, puis enfin les pieds.

7. Continuez à respirer profondément et à relâcher votre corps.

8. Imaginez-vous dans cet environnement agréable à visualiser, avec autant de détails que possible – comme pour toute chose, c'est en forgeant qu'on devient forgeron, vous pouvez même vous visualiser en train de visualiser pour développer vos facultés de représentation ☺.

9. Réveillez-vous lorsque la chanson que vous avez programmé commence (ou que la sonnerie du réveil vous fait sursauter). Prenez un instant pour apprécier à quel point vous êtes quelqu'un de bien.

Avec la pratique, vos visualisations deviendront plus réelles et votre conscience elle-même sera surprise à votre réveil. Lorsque vous arriverez à ce point où même votre conscience commencera à se perdre dans votre illusion, votre concentration et votre motivation augmenteront de manière exponentielle. C'est à ces moments-là que les deux parties de l'esprit sont au même niveau, même si cela ne dure qu'un court instant. Dans ces conditions, vous commencerez à fonctionner avec un tel niveau de grâce, d'assurance et d'imperturbabilité que vous arriverez à ce que vous devez faire au moment exact ou cela doit être fait. C'est un état fluide qui, s'il est maintenu, éclaire votre chemin et votre esprit.

L'Usine à Courage

Très peu de ces conseils vous seront d'une quelconque utilité si votre vie est régie par la peur. Confrontez vos peurs, car elles brouillent le lien avec votre subconscient. Des sages mots du Maître Yoda toujours tenir compte vous devriez. Dans la Saga *Star Wars*, George Lucas identifie la peur comme étant le chemin menant au mal et au mauvais usage de sa force intérieure, qu'il appela le *Côté Obscur*.

Lorsqu'il y a peur, les amygdales font basculer le cerveau en mode *combat-fuite* et libère une décharge d'adrénaline et de cortisol. Cela peut être fort utile si vous vous trouvez dans une situation où le danger est imminent mais cela aura des effets désastreux sur le corps à la suite de ces brefs instants. Si d'imposants *Lions* demeurent en votre esprit et se manifestent tout au long de la journée, votre lien avec le subconscient est constamment interrompu par les amygdales. Il est indispensable d'éliminer la peur pour être ouvert aux possibilités qui vous entourent. Prenez votre courage à deux mains, allez déloger ces *Fauves primitifs* et avant peu, vous vous verrez triompher de cet obstacle et continuer à prospérer.

Présider une Réunion

Vous pouvez faire une liste de six personnes (ou moins) qui peuvent être vivantes ou mortes, voire être des personnages fictifs ou historiques. La vôtre pourrait inclure Gandalf, Abraham Lincoln, Jésus Christ, le Bouddha, Mère Teresa, Ronald Reagan, Michelle Obama, Justin Timberlake, Condoleezza Rice, Warren Buffet, Martin Luther King, Abraham Hicks, Jack Welch, Napoleon Hill, Natalie Portman ou tout autre personnalité que vous définiriez comme prospère et dont les conseils vous aideraient à arriver à votre monde Parallèle Idéal. Renseignez-vous autant que possible sur chacune de ces personnes, sur leurs personnalités et sur leurs idées. Ensuite, une fois par semaine, à la suite d'une de vos sessions de méditation, imaginez-vous en bout de table entouré de vos six invités. Vos yeux fermés, et toujours dans un état méditatif, imaginez-vous en train de diriger une réunion avec cette équipe. Ils ont été invités à ce meeting privé pour vous donner des conseils sur la manière d'atteindre votre SIP et votre MPI. Au début, cette activité vous semblera complètement factice, mais chaque séance lui fera gagner en dynamisme et en réalisme. À votre cinquième séminaire, ces personnages auront pris vie de manière si convaincante que vous vous verrez en train de leur donner des directions – et si c'était le cas ? En tant que président du conseil, vous pouvez leur poser des questions, et ces conseils qu'ils appliquent à eux-mêmes tout au long de leur vie auront les mêmes effets sur vous que sur eux.

La Méditation

La méditation est l'une des activités les plus importantes auxquelles vous puissiez vous livrer ; toutes les activités listées dans cette section sont essentiellement des formes de méditation. Vous connecter à votre subconscient est un exercice qui repose sur l'atténuation de la conscience et l'écoute de votre voix interne ou bien, pour le dire autrement, l'écoute de votre *moi supérieur*. La méditation est la façon la plus condensée et la plus naturelle de se connecter au subconscient car son but est d'atteindre le silence profond. Nul besoin ici d'affirmation ou de visualisation dans cet état méditatif – il n'est question que de quête de paix, de félicité et de silence. Faites une place pour la méditation dans votre routine journalière. Méditer deux fois par jour, quelle que soit la durée – une minute, dix minutes, un quart d'heure, etc. – vous amènera de plus en plus à un état de concentration, de force et de connexion avec l'infini. De nombreuses études ont montré que la méditation avait un impact sur tout les aspects de la santé, dans des domaines allant du cardiovasculaire au système immunitaire en passant par le bien-être psychologique et même récemment, à l'allongement des télomères cellulaires – ce qui signifie un ralentissement (un *inversement*, techniquement) des effets du vieillissement.

Plus vous pratiquerez la méditation, plus vous pourrez entrer dans un état méditatif rapidement. Je recommande une minute de méditation pendant la journée, lorsque vous êtes le plus occupé. Si vous êtes trop débordé pour méditer, alors la méditation est définitivement ce qu'il vous faut.

Comment Méditer

« Le calme est l'état idéal pour percevoir
toute expérience de vie. »
- Paramahansa Yogananda

Le processus de la méditation est similaire à celui de la visualisation ou de l'auto-hypnose. La différence majeure est qu'avec la méditation, le but est d'arriver au silence complet, c'est-à-dire pas d'affirmation ni visualisation, quoique vous puissiez décider de terminer votre session avec des affirmations ou des visualisations pour maximiser l'utilisation de votre état méditatif.

1. Asseyez-vous confortablement à un endroit où vous ne serez pas dérangé durant les dix minutes qui suivent (mettez votre réveil/programmez une chanson pour vous avertir lorsque votre temps sera écoulé).

2. Fermez les yeux.

3. Respirez plus doucement, inspirez à fond. Prenez consciemment le contrôle de votre respiration.

4. Imaginez votre corps tout entier se détendre, une partie à la fois, de haut en bas : la tête, les épaules, les bras, les jambes, puis enfin les pieds.

5. Continuez à respirer profondément et à relâcher votre corps.

6. Restez concentré sur votre respiration. Si des idées vous passent par la tête, dites-leur bonjour et recentrez-vous sur votre respiration.

7. Réveillez-vous lorsque la sonnerie/chanson vous annonce la fin de la session.

La Prière

Lorsque vous priez vous êtes ouvert, conciliant et en paix. La prière instaure un état d'esprit similaire à celui de la méditation. La prière focalise l'esprit ; elle crée une connexion avec une source d'énergie qui n'a nul besoin d'être définie.

> « *Je chéris l'église silencieuse avant le début du service,* *plus que tout prêche.* »
> *- Ralph Waldo Emerson*

L'Auto-Hypnose

Apprenez à pratiquer l'hypnose sur vous-même et générez vos propres assertions. J'ai noté ci-dessous des instructions générales pour se servir de l'auto-hypnose afin d'accéder à votre SIP. Elles peuvent également être utilisées pour atteindre votre MPI et peuvent couvrir d'autres besoins encore.

Je vous recommande personnellement de télécharger de l'audio d'auto-hypnose en ligne. Il en existe des versions gratuites sur YouTube®, ainsi que des versions payantes de haute qualité sur Amazon®.

Utiliser l'Auto-hypnose pour Accéder à sa SIP

1. Allongez-vous confortablement à un endroit où vous ne serez pas dérangé durant le quart d'heure qui suit.

2. Fermez les yeux.

3. Respirez plus doucement, inspirez à fond. Prenez consciemment le contrôle de votre respiration.

4. Imaginez votre corps tout entier se détendre, une partie à la fois, de haut en bas : la tête, les épaules, les bras, les jambes, puis enfin les pieds.

5. Continuez à respirer profondément et à relâcher votre corps.

6. Pensez en vous-même que cette session d'auto-hypnose sera efficace – vous avez l'intention que l'auto-hypnose soit efficace maintenant et lors de chacune de vos sessions d'auto-hypnose à venir, tout comme vous avez l'intention que ce livre vous soit utile.

7. Imaginez le succès qui vous attend à votre SIP et les félicitations de vos proches à ce moment-là.

8. Imaginez-vous exécutant toutes les tâches menant à votre SIP.

9. Ressentez l'émotion d'avoir atteint votre SIP.

10. Prenez plusieurs longues inspirations et imaginez-vous méditant et faisant une séance d'auto-hypnotisation tous les jours.

11. Amorcez l'inception d'assertions positives en rentrant maintenant en communication avec votre subconscient.

12. Prenez encore quelques inspirations profondes, puis relevez-vous. Sentez le bien-être en vous à cet instant.

Prendre Soin de son Cerveau

L'exercice et la nutrition sont d'une importance critique pour le cerveau. Le cerveau est alimenté principalement par l'oxygène et le glucose présents dans le sang, donc une santé cardiovasculaire améliorée aidera le cerveau à être plus dynamique et plus efficace. L'exercice et la nutrition appropriés entraînent un bien-être général qui vous ouvrira les portes d'un état énergétique supérieur et permettra une meilleure communication au sein du cerveau ; en d'autres termes, cela vous apportera des pensées plus claires et une plus grande conscience de l'environnement qui vous entoure. Je vous recommande de décider de prendre des habitudes visant à améliorer votre condition physique et votre nutrition pendant vos séances d'auto-hypnose pour avoir un impact positif sur votre santé et sur celle de votre cerveau.

L'Amour

Pour implanter les images et les comportements associés à votre SIP et à votre IDP au sein de votre subconscient tout au long de la journée, n'hésitez pas à utiliser la captivante émotion de l'amour – tout comme dans un scénario romantique. Laissez l'ambition et les comportements essentiels à votre quête infiltrer vos pensées quotidiennes et enveloppez-les de cette émotion intense. L'amour est une forme très puissante d'hypnose. Vous devez développer le type d'amour romantique ciblé qui vous remplit d'énergie et diffuse les substances chimiques voulues au sein du cerveau, multipliant votre énergie physique et spirituelle. Ce type d'amour passionné pour ce que vous désirez et pour les comportements qui y mènent facilitera également votre accès au subconscient.

Comme nous l'avons vu auparavant, le subconscient peut être perçu comme l'esprit *à l'état de rêve* ; je suis sûr qu'il y a bien de la rêverie impliquée lorsque vous pensez aux créatures qui vous attirent et aux amours de votre vie. Pensez au terme *rêve éveillé*, car il suggère un accès direct au subconscient alors que vous êtes réveillé. Ce type de connexion est très puissant.

Vous devez concevoir l'amour pour votre SIP et par le biais de cet amour, l'idée sera implantée au plus profond du subconscient. Une fois la graine plantée, votre conscience commencera à recevoir des directives claires quand aux comportements à adopter pour concrétiser votre SIP. Dans une situation habituelle où vous ressentez cette émotion, vous seriez ravi d'avoir un rendez-vous ou bien d'acheter des fleurs, de combler les désirs de votre moitié, d'être là pour soutenir cette personne si spéciale pour vous – autant de comportements qui aideront à rapprocher le cœur de votre élu(e) du vôtre. Le procédé pour teinter votre image de votre SIP d'amour est le même ; il ne suffit pas simplement d'aimer votre SIP, vous devez aimer les comportements mêmes qui vous rapprocheront de votre SIP. Par exemple, afin d'atteindre de nombreuses SIPs, vous devrez faire de l'exercice quotidiennement ; vous devrez alors apprendre à aimer faire de l'exercice, et à aimer la nutrition qui y est adaptée. Pour une autre SIP, vous devrez peut-être apprendre à aimer les études académiques, à aimer un certain sujet, ou à aimer un certain entraînement mental.

Pour chaque SIP, vous devrez apprendre à aimer la méditation, l'auto-hypnose, la pensée positive, le courage et l'amour lui-même. Utiliser l'amour lorsque vous vous concentrez est important car cette focalisation a pour but principal de laisser des impressions claires au subconscient.

Comment Introduire des Idées dans le Subconscient

1. Exprimez toujours vos idées de façon positive :

Je suis toujours à l'heure pour les meetings ☺.

~~Je ne suis jamais en retard pour les meetings.~~

2. Exprimez toujours vos idées au présent (tout sauf les temps futurs, même lorsque vous décrivez des événements à venir).

Je gagne un million d'Euros en vendant des biens immobiliers ☺.

J'ai gagné un million d'Euros en vendant des biens immobiliers ☺.

Entre Juillet et Décembre 2020 (date future), je touche un million d'Euros en vendant des biens immobiliers ☺.

Entre Juillet et Décembre2020 (date future) ,

~~je me ferai un million d'Euros en vendant des biens immobiliers.~~

3. Ne lésinez pas sur les émotions lorsque vous pratiquez l'inception ou que vous visualisez. Le subconscient est attentif aux sentiments et il influence votre conscience en altérant vos émotions. En deux mots, le processus humain de prise de décision fonctionne de la manière suivante : nous prenons des décisions basées sur l'émotionnel, puis nous les justifions en utilisant la logique. De ce fait, si

vous voulez être aux commandes de votre comportement, renversez ce mécanisme à votre avantage : choisissez votre comportement logiquement puis justifiez ce choix au subconscient en utilisant les émotions.

> *« Plus nous ressentons une idée ou un but intensément, plus cette idée, enfouie au plus profond de notre subconscient, nous conduira vers le chemin qui mène à sa réalisation. »*
> *- Earl Nightingale*

En effet, chacune de vos pensées est implantée dans votre subconscient. Plus l'émotion associée à cette pensée est intense, plus cette pensée a d'ampleur au sein du subconscient et plus les résultats que vous vivrez se rapprocheront de cette pensée.

4. Continuez à renforcer la connexion reliant la conscience au subconscient. Certains diminuent ou arrêtent complètement la méditation et l'auto-hypnose lorsqu'ils commencent à accomplir certains de leurs buts-clés car ils sentent qu'ils ont un bon élan. Le plus souvent, c'est parce qu'ils ne réalisent pas que la source de leur succès est cette connexion entre la conscience et le subconscient ; ils créditent à tort leur conscience – leur *ego* – de leur succès. Ce groupe d'individus se dirige de ce fait vers une stagnation de ses performances, ou pire, vers une régression, un ticket retour vers la médiocrité. Il est important de continuer les

activités qui gravent sur votre subconscient tout au long de votre vie. Pour vous en assurer, je vous recommande ardemment d'y graver les deux idées suivantes :

a. Je m'engage à méditer/pratiquer l'auto-hypnose deux fois pas jour ou plus pour toujours.
b. J'ai accès à mon subconscient lors des moments paisibles de mon éveil.

Ces deux méditations supplémentaires vous aideront à garder le cap et sont essentielles à ce cycle. Tant que vos méditations fonctionnent, elles vous aideront à renforcer ce processus.

L'Importance du Subconscient

Nous venons de passer en revue les méthodes-clés pour avoir accès au subconscient. Pour maîtriser ce Pilier, vous devrez poursuivre votre découverte de l'importance, du rôle et de la fonction du subconscient.

Le Raisonnement Automatique

Le cerveau humain automatise autant de procédures que possible, les reléguant au maître automate, le subconscient. De ce fait, à mesure que nous avançons dans notre vie, nous devenons de moins en moins conscients des éléments de notre comportement les plus constants. Notre existence même s'automatise et notre capacité à nous remanier à l'aide du subconscient seulement diminue. C'est une autre raison pour laquelle nous devons cibler notre subconscient comme étant le chemin vers le changement de comportement en plus d'être celui vers notre Situation Idéale Proche et notre Monde Parallèle Idéal.

LE SUBCONSCIENT ET LES SITUATIONS IDÉALES PROCHES

> « *Finalement, frères, que toutes les choses qui sont vraies, toutes les choses qui sont honnêtes, toutes les choses qui sont justes, toutes les choses qui sont pures, toutes les choses qui sont aimables, toutes les choses qui sont de bonne réputation, et s'il y a quelque vertu, et s'il y a quelque louange ; pensez à ces choses.* »
> *- Philippiens 4.8, Version du Roi Jacques (KJV)*

En se focalisant sur la Situation Idéale Proche (SIP) que vous voulez atteindre, le subconscient puise l'information pertinente pour cette SIP. Votre subconscient diffuse ensuite cette *fréquence* – celle de votre SIP –, au sein de la conscience, ceci fortifiant votre prise de décision et votre intuition sur la route vers votre SIP. Par *fréquence*, j'entends le *groupe d'informations en rapport avec un raisonnement donné*. Tout comme en choisissant une certaine station de radio, vous choisissez de recevoir seulement les diffusions sur une certaine fréquence, focaliser le subconscient sur une SIP spécifique amènera ce dernier à fournir votre conscience en informations en rapport avec cette SIP spécifique. Notre subconscient nous focalise donc sur des fréquences d'information spécifiques au sein de notre environnement, basé sur la clarté de la programmation de notre SIP en son sein. Le ciblage de notre conscience sur des fréquences précises en accord avec notre SIP nous aide à déterminer la nature de l'effondrement de la fonction d'onde quantique de possibilités.

LE CHEMIN VERS LE GÉNIE

Développer un lien entre votre conscience et votre subconscient est une des façons d'exploiter pleinement les capacités de votre esprit. Le génie est celui(celle) qui crée une connexion robuste entre le subconscient et la conscience. Le fou est celui(celle) qui laisse son subconscient dominer ses pensées. Telle est la raison pour laquelle le génie est caractérisé par un certain degré de folie – l'approche du génie s'apparente à flirter avec la folie.

> *« Il n'y a point de génie sans un grain de folie. »*
> *- Aristote*

LE DOMAINE DU SUBCONSCIENT

Le subconscient a accès à un immense domaine de savoir. Certains professeurs appellent ça le *superconscient*, d'autres, simplement le *domaine*. Cette source de connaissances existe grâce à une connexion métaphysique ou bien elle résulte tout simplement du fait que le cerveau archive systématiquement tous les souvenirs de notre vie. Cela comprend chaque détail de chaque environnement visité, chaque conversation entendue et toute donnée à laquelle nous avons pu avoir un jour accès – rien de tout cela n'a l'obligation de passer par notre conscience, le subconscient étant biologiquement chargé de signaler à notre conscience quand nous devons être attentif. Compte tenu de cette immense base de données à laquelle le subconscient a accès, il paraît évident qu'il est une source potentielle d'un savoir étonnant et qui semble illimité, sous réserve de savoir comment y avoir accès.

> « *Mon cerveau est seulement un récepteur ; dans l'univers il y a un épicentre à partir duquel on obtient la connaissance, la force et l'inspiration. Je n'ai pas pénétré les secrets de cet épicentre, mais je sais qu'il existe.* »
> - *Nikola Tesla*

Utilisez votre subconscient pour vous connecter à un domaine plus vaste encore – ce que Napoleon Hill appelait l'*éther* – fait également partie de ce que les psychologues appellent le *flow* (signifie « flux » ou « fluidité » en Anglais). En physique quantique, être en état de *flow* correspondrait à être connecté à l'onde infinie des possibilités superposées.

La Vie devrait être Simple

En fin de compte, tout votre travail devrait être simple, divertissant et fluide. Le dur labeur implique de travailler contre votre subconscient au lieu de travailler avec lui. Le dur labeur implique une dissonance entre ces deux parties de l'esprit, ce qui indiquerait qu'il vous reste bien du travail pour renforcer leur connexion. Une fois que cette dernière sera bien robuste, vous pourrez remodeler votre concept de soi pour le rendre compatible avec la poursuite de votre Monde Parallèle Idéal.

En règle générale, nous ressentons de l'inconfort, de la gêne, du malaise, de la dissonance cognitive et du déplaisir lorsque notre conscience et notre subconscient ont des ambitions différentes. Lorsque les programmes que nous aimerions exécuter consciemment sont différents de ceux installés dans notre subconscient, nous vivons les affres d'une vie addictive. Nous nous sentons dépassés lorsque nous ne contrôlons pas notre subconscient. Certaines personnes parmi nous ont la chance de disposer de bons programmes appris lors de leur enfance et vivent dans l'opulence ; si vous n'avez pas eu cette chance et avez reçu des programmes médiocres de la part de votre famille, de vos amis, de vos voisins et de vos émissions de télévision au fil des années, rappelez-vous de cette possibilité de réécrire vos programmes subconscients et de commencer un voyage vers une vie ciblée, centrée, efficace.

La possibilité d'un conflit potentiel entre la conscience et le subconscient est bien réelle et nous attend si nous n'ajustons pas notre subconscient à nos ambitions conscientes, c'est le mécanisme même de l'*auto-sabotage*. C'est ce qui arrive lorsque la programmation mentale d'un individu lui dit que la vie est une aventure difficile plutôt que joyeuse, qu'il est nécessaire de travailler dur pour l'argent plutôt que de le laisser travailler pour nous, que la romance appartient au domaine du cinéma plutôt qu'à chaque instant de notre existence, que sa couleur de peau est une limitation plutôt que quelque chose sans importance ou qu'un bonus. En réalité, le subconscient essaie de créer une réalité qui correspond à sa programmation et si nous avons consciemment l'intention de prendre notre retraite dès l'âge de quarante ans alors que notre subconscient pense que c'est notre destin d'être un esclave jusqu'à la tombe, l'auto-sabotage et les échecs inexplicables s'ensuivent. En sport, nous voyons parfois des équipes *s'écrouler* (perdre tout à coup en fin de match suite à un retournement de situation alors qu'elles avaient mené jusqu'alors) ; c'est également le résultat de dissonances entre la conscience et le subconscient. Lorsque notre conscience est convaincue que nous pouvons gagner, et que notre subconscient en pense autant, nous ne nous écroulons jamais, et nous ne trébuchons jamais – cela ne veut pas dire que nous gagnons systématiquement, simplement que la puissance de notre concentration est telle qu'il faudrait un obstacle formidable pour nous arrêter.

Chaque fois que vous vous comportez autrement que d'une façon qui vous aidera à vous rapprocher de votre MPI, autrement que de la façon dont vous devriez vous comporter, d'une façon qui vous limite ou d'une façon qui vous auto-sabote consciemment, c'est le signe que votre subconscient est à l'œuvre. Vous aurez peut-être l'impression de faire exactement ce que vous avez envie de faire, ou que ce n'est qu'une pause bien méritée, ou encore que vous êtes trop fatigué et que vous manquez de volonté à cet instant – comprenez que la raison pour laquelle la volonté vous est primordiale est que vous luttez contre les intentions de 95% de votre cerveau qui veut faire les **autres** activités *amusantes* ou qui vous auto-sabotent. Je ne suggère pas une seconde d'éliminer les plaisirs de votre vie, simplement que la raison principale pour laquelle une activité vous paraît agréable est que votre subconscient vous le dit. Le concept de plaisir lui-même est, à la base, subjectif ; tout ce que vous considérez comme agréable découle simplement de la libération du neurotransmetteur dopamine au sein du réseau neuronal dans le cerveau qui contrôle vos comportements en cours. Votre cerveau crée ces réseaux pour chacun de vos comportements possibles. Ils sont constitués de neurones reliés entre eux et lorsque ces neurones envoient ensemble des impulsions d'une certaine manière, cela entraîne un certain comportement. Si une dose de dopamine est envoyée au cortex préfrontal en même temps que ces impulsions, l'activité correspondante sera perçue comme agréable. Si vous pensez à la tâche la plus ennuyeuse que vous puissiez imaginer et que vous provoquez simultanément une décharge de dopamine au sein de votre cerveau, la besogne devient tout à coup l'activité la plus agréable que vous ayez pratiquée. C'est en partie la façon dont les drogues contre le *TDA* (Trouble du Déficit de l'Attention) fonctionnent, en créant la sensation de plaisir chez des enfants qui sinon, s'ennuieraient à mourir dans une salle de classe – Ils prennent une amphétamine ou de la Ritaline® et soudain, même les classes les plus barbantes les captivent. Mais le processus menant à la libération de dopamine est affecté par la perception du subconscient ; ce même subconscient qui affirme que le fast-food est délicieux, peut aussi certifier qu'aller faire de la musculation, étudier toute la nuit, économiser de l'argent ou toute autre habitude est complètement *fun* !

En plaçant les bonnes habitudes au sein du subconscient, vous redéfinirez la notion de plaisir comme *ce qui sert les intérêts de mon développement ainsi que de mon voyage vers ma SIP et mon MPI*. Cela ne signifie pas de se transformer en reclus et de rester éloigné de tout plaisir social ou hédoniste ; simplement si, par exemple, vous comptez passer la soirée à boire entre amis, alors faites-le délibérément pour prendre du bon temps, vous donner la pêche, fortifier vos aptitudes sociales, tonifier votre réseau de soutien, créer quelque chose de fabuleux dont vous pouvez être reconnaissant et ainsi obtenir de nombreux autres avantages liés au plaisir *traditionnel*. Maintenant, je ne vous suggère pas de sortir entre amis si vous sentez que ce n'est pas une bonne idée, que vous le regretterez le lendemain matin et que ça vous empêchera d'atteindre certains des buts que vous poursuivez en ce moment ; ne sortez pas avec ces amis si vous pensez que cela aura un effet néfaste sur votre vie – écoutez vos intuitions. Au fur et à mesure de la reprogrammation de votre subconscient, votre vie deviendra une suite d'événements que vous avez méticuleusement sélectionnés, où vous n'êtes désormais plus le simple esclave de votre programmation préétablie.

Votre subconscient se rend compte que jouer aux jeux vidéo entre amis pendant quelques heures le samedi soir peut être agréable et passionnant, mais si il a votre Situation Idéale Proche en tête, alors après la troisième heure consécutive de Final Fantasy®, il vous amènera sûrement à avoir envie d'une activité plus stimulante intellectuellement. Au lieu d'un processus désagréable, comme on pourrait se l'imaginer, vous vous sentirez plus intéressé et plus éveillé que jamais. Façonnez-vous une vie où, dorénavant, la conscience et le subconscient communiquent de manière cohérente et travaillent en équipe – cela, je vous l'assure, crée un sentiment de passion, de concentration, de fluidité, d'intention et ce chemin *conscience → subconscient* est le seul chemin qui mène à votre MPI.

Conclusion du Pilier

En bonus, grâce à ce processus de travail avec le subconscient, et une fois devenu expert en communication directe avec lui, le concept même d'*effort* disparaîtra. La connexion au subconscient élimine les sentiments de fainéantise, de manque de volonté ou de manque d'énergie – en effet, les êtres humains font constamment quelque chose, même s'il s'agit de dormir, de regarder la télévision ou de jouer à des jeux vidéos. Nos corps ont la capacité de *faire quelque chose* tout au long de notre vie ; lorsque nous nous sentons indisposés, c'est souvent tout simplement que ce que nous *voulons* faire est différent de ce que nous *devons* faire. Nous savons peut-être au fond de nous que nous devons préparer les examens de fin d'année, mais notre corps, lui, a envie de jouer à Assassin's Creed® et de regarder MTV. Pensez au fait que chaque fois que votre conscience n'approuve pas, chaque fois que vous vous trouvez paresseux ou démotivé, c'est en fait votre subconscient qui a fait un choix contraire à votre conscience. Donc, en reprogrammant votre subconscient pour qu'il ait les mêmes motivations que votre conscience, le processus de motivation perd sa pertinence et notre vie se remplit naturellement d'activités que notre conscience approuve rationnellement (dont les pauses à but récréatif). Il est intéressant de constater que même lorsque ces deux parties de l'esprit convergent, la tentation passagère de faire quelque chose de contre-productif ressurgit de temps en temps – vous le ressentirez alors comme une *intuition* –, lorsque le subconscient aura fait un calcul avancé prenant en compte de nombreux paramètres, et vous conduira vers une activité vraisemblablement contre-productive. En fin de compte, ces scénarios s'avèrent souvent être dans notre meilleur intérêt ; mais même le subconscient utilise des calculs de probabilités et de temps en temps, cela nous coûte des efforts inutiles – ce qui est un risque qu'il vaut toujours la peine de prendre. Par exemple, si votre subconscient détermine que vous avez 90% de chances de rencontrer quelqu'un à un endroit et à une heure donnés et que cette personne peut vous aider à atteindre un objectif programmé au sein de votre subconscient, devinez quoi ? Le subconscient vous fera sûrement prendre un chemin qui vous amènera à cet individu ou vous fera prendre un train partant plus tôt ou plus tard en vous menant à cette rencontre *tout à fait par hasard*. En effet, 90% de chances de réussites ne représente pas un gros risque, mais une fois sur dix, le subconscient vous aura envoyé en mission pour rien. Parfois, le subconscient fait des détours pour arriver au MPI – c'est bien nécessaire. Une bonne partie de ce que vous devrez apprendre pour atteindre le succès n'est ni évident, ni conscient, mais dans l'ensemble, suivre vos tripes, votre instinct ou votre intuition – autant de manifestations du subconscient – est une valeur sûre.

J'affirme que la connexion entre nous, être humains, et l'infini, quelle que soit votre définition de cette force ou de cet être infini, suit le modèle : **Conscience → Subconscient → Infini**. C'est pourquoi un grand nombre des activités détaillées dans cet ouvrage est destiné à renforcer le lien entre vous et votre subconscient, à vous procurent un sentiment d'harmonie spirituelle, à apporter un sentiment de finalité à votre vie. Cela vous permet de vous connecter avec Dieu, un dieu, l'inconscient collectif, le cosmos, ou tout autre concept représentant vos convictions. Ce chemin vous ouvre les portes d'une force illimitée ; il vous connecte à cet état fluide et vous procure le pouvoir incroyable de faire s'écrouler la fonction d'onde comme bon vous semble. La vitesse avec laquelle vous vous rapprocherez de votre Monde Parallèle Idéal dépend directement de votre aptitude à construire ce chemin, ce câble, vous permettant de drainer cette énergie formidable.

En fortifiant le chemin **Conscience** → **Subconscient** → **Infini**, vous améliorerez la communication dans les deux sens. Cela fonctionne en effet également en sens inverse. En renforçant la liaison **Conscience** → **Subconscient** → **Infini** vous pourrez entendre la voix d'un dieu, de Dieu, du cosmos. Vous recevrez en retour des conseils par la voie **Infini** → **Subconscient** → **Conscience**. C'est à ce moment-là qu'en regardant la réalité qui vous a sans doute abattu et fait coulé auparavant, vous verrez à sa place les photons qui composent l'hologramme ; vos peurs seront effacées, même celle de la mort, et vous sentirez qu'il ne tient qu'à vous de remodeler le monde à l'image de vos idéaux. Voilà la récompense qui vous attend lorsque vous maîtriserez les concepts abordés dans ce Pilier. C'est la raison pour laquelle tous les grands maîtres spirituels à travers les âges pratiquent la méditation et la prière. C'est également la raison pour laquelle les prières agissent : grâce à la connexion avec un pouvoir plus grand qui découle de cette connexion même. Parvenir à établir cette puissante connexion représente un bond dans l'évolution humaine, et vous avec déjà une longueur d'avance.

Ce que nous appelons la réalité concrète est une illusion, une illusion qui se dévoile en tant que telle lorsqu'on s'intéresse aux lois fondamentales de la physique quantique ; des lois énonçant entre autres que la matière est composée à plus de 99,9% d'espace vide ou que les éléments dominants au sein de la matière ne sont en réalité que des impulsions électriques, des photons et des électrons. L'univers tout entier est construit de la sorte – il n'est qu'une illusion glissée devant vos yeux ; mais la délicieuse et majestueuse ironie de cette ruse est que son créateur n'est autre que vous-même. Vous êtes le spectateur, le joueur, vous êtes le dieu. Prendre contact avec le subconscient est prendre contact avec votre *moi supérieur* – prendre contact avec l'infini –, prendre contact avec *La Source*.

PILIER II

LA MENTALITÉ MPI

« Nous sommes ce que nous pensons.

Tout ce que nous sommes résulte de nos pensées.

Avec nos pensées, nous bâtissons notre monde. »

- Le Bouddha

La Mentalité MPI est le second puissant pilier de Voyager à Travers les Mondes Parallèles pour Atteindre vos Rêves. La Mentalité MPI est à la fois un paradigme et une mise en pratique ; c'est une façon de penser qui amène votre Monde Parallèle Idéal à vous, et vous pousse vers votre Monde Parallèle Idéal. C'est un procédé comparable à la gravité. La Mentalité MPI est une force connectrice – une force invisible qui vous maintient dans le prolongement de votre MPI. C'est une énergie qui vous garde sur le droit chemin, consciemment comme inconsciemment. Utiliser la Mentalité MPI, c'est utiliser *la Force* – la force qui se trouve entre vous et votre Monde Parallèle Idéal.

Chaque fois que vos pensez vont vers votre Monde Parallèle Idéal, vous utilisez la Mentalité MPI ; lorsque vous êtes tourné vers votre MPI, alors c'est que vous utilisez la Mentalité MPI. Si vous ne le faites pas, vous cessez de mettre le cap sur votre MPI.

Utiliser la Mentalité MPI c'est être dans un état fluide, au milieu d'un flot de pensées. Il ne s'agit pas seulement de se laisser porter mais plutôt de capter le courant puissant entre vous et votre Monde Parallèle Idéal.

La Mentalité MPI est un état de connexion avec votre MPI. Exercer la Mentalité MPI, c'est adopter un état mental d'indulgence et de sagesse, c'est accepter le succès inévitable – c'est connaître l'aboutissement et être cet aboutissement. Être immergé dans la Mentalité MPI, c'est dire « c'est inévitable – le succès est inévitable. » Cette force d'attraction que je vous présente est une idée en état de superposition : elle est à prendre au sens littéral et au sens métaphorique.

La Mentalité MPI est activée par la réflexion ainsi que par les paradigmes qui vous permettront d'accéder à votre Monde Parallèle Idéal (MPI) en un minimum d'images et avec le plus d'aise. La constance avec laquelle vous utiliserez la Mentalité MPI déterminera la vitesse à laquelle vous progresserez vers votre MPI. Votre conscience ainsi que votre subconscient se servant de la Mentalité MPI, cette dernière deviendra votre paradigme mental dominant.

LES TROIS PARTIES DE LA MENTALITÉ MPI

1. Voyez le Futur – Soyez le Futur

2. Les Émotions Positives

3. Les Pensées génératrices de Réalité

Nous allons maintenant nous pencher sur ces trois parties de la Mentalité MPI, en regardant pourquoi et comment elles vous catapultent vers votre Monde Parallèle Idéal. Nous parlerons ensuite de la Mentalité MPI de manière plus générale et plus concrète.

Clé de la Mentalité MPI #1
Voyez le Futur – Soyez le Futur

REGARDER LE MONDE AVEC LES YEUX DE LA PERSONNE QUE VOUS SEREZ A VOTRE ARRIVÉE DANS VOTRE MPI

Ce procédé englobe le fait de voir le monde actuel avec les yeux de votre *moi* futur mais aussi le fait de visualiser l'environnement de votre monde futur. Pour abréger : *Voyez le Futur – Soyez le Futur*. Cela consiste à entrevoir dès maintenant les émotions de la personne géniale que vous comptez devenir.

Pour cela, il faut vivre en état de *Futur-Présent*. Nous avons le choix de vivre sois dans le *Passé-Présent*, sois dans le *Futur-Présent*. Vivre dans le *Futur-Présent*, c'est vous sentir dès maintenant comme vous vous sentirez dans votre Monde Parallèle Idéal, et vous voir aujourd'hui comme la personne que vous serez dans votre MPI. En vivant dans le *Passé-Présent*, en revanche, vous continuez simplement sur votre trajectoire de vie actuelle. Cela implique alors que dans cette réalité *Passé-Présent*, tous les moments passés se gravent dans l'esprit et deviennent des modèles pour le futur. Il est essentiel d'empêcher les images du passé de limiter votre avenir ; si l'on n'y prend pas garde, on se retrouve enchaîné par le passé au sein de notre esprit. Évoquez sans cesse de nouvelles images, des agrégats toujours plus grands. Dans votre Monde Parallèle Idéal, vous empruntez une route qui mène à un objectif ciblé, et le voyage pour y parvenir nécessite que vous vous sentiez dès maintenant comme vous vous sentirez à votre arrivée – vous devez, dès aujourd'hui, vous mettre en route. L'aventure a commencé ; vous réalisez d'ores et déjà cette quête.

Se concentrer sur son MPI, c'est avoir l'esprit clair, ressentir maintenant ce que vous ressentirez lorsque vous l'aurez atteint et calquer votre conscience ainsi que votre subconscient sur votre MPI. C'est seulement une fois que le subconscient est tourné vers votre MPI qu'il peut éclairer le chemin qui y mène.

L'APERÇU

Visionnez votre MPI comme un monde déjà existant. Il doit vous attendre et doit être prêt à votre arrivée – voyez-le avec vos yeux éveillés et sentez-le exister en ce moment même. Cette sensation est accessible, bien qu'elle puisse sembler nouvelle et différente, comme si vous vous aventuriez dans un territoire inconnu de folie douce ; ou bien vous la trouverez peut-être ancienne et familière comme les mondes imaginaires de votre enfance. Rappelez-vous que le chemin qui mène au génie est effrayant par moments lorsqu'il passe par l'inconnu en effleurant la folie. Cette dernière n'est autre que le don de voir le monde différemment du commun des mortels, comme le prouvent bon nombre de grands hommes tels que Richard Branson, qui reconnaît les opportunités de faire une affaire là ou les autres ne voient rien, ou encore Martin Luther King, qui a rêvé d'États encore plus Unis, quand les autres ne le pouvaient pas. Les génies émergent toujours de visions peu communes. Le génie va chercher plus loin encore, plus loin que les objectifs ordinaires de la conscience commune. Des génies comme Roger Banister qui s'est entraîné dur pour courir un mille en moins de quatre minutes à une époque où le reste du monde pensait que cela était physiquement impossible. Le génie, avec sa vision du monde singulière et solitaire, voit plus loin.

> « Un savant, c'est quelqu'un qui a appris beaucoup de choses ; un génie c'est quelqu'un dont l'humanité doit apprendre quelque chose qu'elle ne connaissait pas encore. »
> - Arthur Schopenhauer

Vous devrez être visionnaire pour atteindre les conditions préalables à la grandeur de votre Monde Parallèle Idéal. Vous devrez voir l'invisible et sentir l'imperceptible. Il vous faudra voir le futur et être le futur. Vous devrez voir votre Monde Parallèle Idéal et ressentir ce monde parallèle. Êtes-vous confiant dans votre Monde Parallèle Idéal ? Alors, soyez confiant en ce moment même. Êtes-vous vaillant et intrépide dans votre Monde parallèle Idéal ? Alors soyez vaillant et intrépide en ce moment même. Y êtes-vous heureux, passionné, satisfait, éloquent et charismatique ? Alors soyez tout cela maintenant même. Ressentir ces émotions maintenant c'est accéder à l'énergie de votre *moi* futur.

Vous avez conçu l'image de votre MPI pour vous permettre de visualiser le futur comme l'instant présent. Lorsque vous le visualisez :

Imaginez-vous au milieu de vos futures occupations dans toutes leurs dimensions, en vous concentrant sur l'émotion d'y être et de participer à ces occupations en ce moment même.

Imaginez-vous marchant à travers votre future demeure ou votre maison idéale et imaginez cette expérience dans toute son ampleur, en vous concentrant sur l'émotion d'y être en ce moment même.

> *Imaginez-vous tenant des conversations et effectuant diverses activités avec votre cercle d'amis et votre famille, imaginez également les nouveaux amis que vous vous ferez, imaginez cette expérience dans toute son ampleur et concentrez-vous sur l'émotion d'y être en ce moment même.*

> *Imaginez-vous gérant votre future fortune, vos biens et vos ressources dans toute leur opulence et en vous concentrant sur l'émotion d'y être en ce moment même.*

Gravez cette vision claire de votre Monde Parallèle Idéal sur votre conscience et utilisez les méthodes apprises au long du premier Pilier pour l'incorporer également au sein de votre subconscient. Votre Monde Parallèle Idéal est votre Étoile Polaire – c'est le monde vers lequel vous vous dirigez en le visionnant et en le ressentant dès maintenant comme réel. Ramenez l'émotion, l'énergie, le sentiment de force, de paix et de participation trouvés au sein de votre Monde Parallèle Idéal avec vous jusqu'à l'instant présent. Vous devez : « *Commencer maintenant à être ce que vous serez.* »

Essentiellement, vous devez imaginez en détail comment vous obtenez et comment vous utilisez chaque objet que vous incorporerez à l'image de votre MPI, en vous concentrant sur l'émotion d'y être en ce moment même.

POURQUOI NE PAS VISUALISER SON MPI EN TANT QUE FUTUR ?

Lorsque vous visualisez, vous ne devez jamais voir votre MPI comme existant dans le futur, ou il y restera. Votre subconscient enregistrera cette idée comme appartenant au royaume indéterminé du futur et y rangera pour toujours l'image de cette vie qui « se déroulera un jour. » Visualisez les composants et les événements de votre MPI comme existant et se déroulant maintenant. C'est aussi cela, la Mentalité MPI.

VISUALISER LES ÉLÉMENTS DE SON MPI AVEC DE L'ÉMOTION RÉELLE

La Mentalité MPI s'active lorsque vous ressentes une émotion réelle, concrète. Cela découle du fait que le subconscient est mobilisé lorsque vous ressentez des sentiments authentiques. C'est la responsabilité biologique du subconscient de vous garder en vie ainsi que de répandre vos gènes, donc lorsque votre ressentez consciemment quelque chose d'intense, le subconscient le remarque. Les émotions constituent la langue du subconscient – comme nous l'avons examiné plus haut, c'est grâce à son contrôle sur nos propres émotions qu'il a autant d'influence sur notre comportement. Il est important de visualiser les événements dans votre MPI avec des sentiments véritablement forts.

Clé de la Mentalité MPI #2
Les Émotions Positives

Utiliser une Majorité d'Émotions Positives (dont la Gratitude et l'Amour) plutôt que des Émotions Négatives

Les émotions positives, la gratitude et l'amour en particulier, sont des carburants énergétiques qui vous donnent la force de voyager à travers les mondes parallèles. Ceci est une analogie, mais l'idée principale est que grâce à l'impact de divers neurotransmetteurs au sein du cerveau, l'énergie positive que vous ressentez vous donnera accès à des réserves d'énergie supplémentaires lorsque vous en aurez besoin. D'un point de vue évolutif – bien que, certes, en partie tautologique – c'est la raison pour laquelle les émotions positives nous font du bien ; lorsque nous nous sentons bien grâce à certaines émotions, c'est parce que ces émotions sont, **elles-mêmes**, positives. Pour vous rapprocher de votre MPI, il faut donc que vous vous sentiez bien maintenant, pas simplement une fois que vous y serez. Vous n'êtes pas sur un chemin qui vous mène au bonheur, le bonheur *est* votre chemin.

Les Émotions Positives

La Joie, l'Amour, la Gratitude, le Bonheur, la Paix, l'Émancipation, la Liberté, la Confiance, la Passion, l'Enthousiasme, la Conviction, l'Engagement, la Volonté, l'Optimisme, l'Espoir, l'Humilité ainsi que tous leurs synonymes.

Les Émotions Négatives – *Le Coté Obscur*

La Peur, le Doute, le Scepticisme, l'Inquiétude, la Colère, la Jalousie, l'Envie, l'Avarice, la Luxure, la Vengeance ainsi que tous leurs synonymes.

GRAVIR LES ÉCHELONS ÉNERGÉTIQUES

Plus vous réussirez à vous entourer de vos émotions positives tout au long de la journée, plus vous aurez l'énergie et la capacité de vous rapprocher rapidement de votre Monde Parallèle Idéal. Cette énergie palpable qui emplit la pièce lorsqu'une personne au succès hors du commun y entre peut être mesurée et quantifiée. Plus vous serez placé haut dans le tableau de l'énergie positive ci-dessous, plus votre pouvoir sera grand.

1. L'Illumination
2. La Félicité
3. L'Allégresse
4. L'Amour Inconditionnel et la Gratitude
5. Le Bonheur et Le Plaisir
6. L'Indulgence, l'Acceptation et l'Ouverture
7. L'Équité et la Raison
8. L'Ambition et la Passion
9. Le Courage
10. La Conviction
11. L'Ego
12. La Colère
13. La Luxure et le Désir
14. La Peur
15. La Tristesse
16. La Dépression
17. La Culpabilité
18. Le Déshonneur

Appliquer la Mentalité MPI, c'est se réveiller tous les matins résolu à gravir les échelons de cette échelle énergétique. Employez-vous à passer la journée aussi haut sur cette échelle que vous le pouvez. Si vous dégringolez, gravissez ces marches à nouveau une à une. C'est ainsi que fonctionne la Mentalité MPI.

> *« Nous sommes ce que nous pensons ; avec nos pensées, nous bâtissons notre monde. Si, avec un mental pur, quelqu'un parle ou agit, alors le bonheur le suit comme l'ombre qui jamais ne le quitte. »*
> *- Le Bouddha*

FAUT-IL RESSENTIR DES ÉMOTIONS NÉGATIVES ?

Ce n'est pas que nous ne devons jamais ressentir d'émotions négatives, car toute émotion est valide et pertinente. Imaginons que nous nous sentons faible car un système semble nous oppresser ; gravir les échelons de l'échelle énergétique pour passer de la dépression à la colère accroîtra déjà grandement notre efficacité potentielle. Toutefois, comme nous le verrons dans ce chapitre, rester dans un état émotionnel négatif plusieurs jours consécutifs a des conséquences négatives importantes sur le système immunitaire et la capacité du cerveau à reconnaître les opportunités qui se présentent. Efforcez-vous de ressentir des émotions positives plus souvent, ayez recours au côté obscur de l'échelle des émotions aussi peu souvent que possible et concentrez-vous sur les échelons énergétiques afin d'en gravir autant que possible.

Clé de la Mentalité MPI #3
Les Pensées Créatrices de Réalité

AGIR CONFIANT QUE VOS INTENTIONS, PERCEPTIONS ET PENSÉES AURONT UN IMPACT DIRECT SUR LA RÉALITÉ

Cela implique :

1. Ressentir les émotions que vous voulez voir votre entourage adopter.

2. Créer les émotions que vous aimeriez voir s'épanouir à travers le monde.

3. Se concentrer sur les choses que vous voulez, **jamais** sur les choses que vous ne voulez **pas**.

Vos pensées ont un impact immense sur votre approche ou votre éloignement de votre MPI.

Voici comment cela fonctionne :

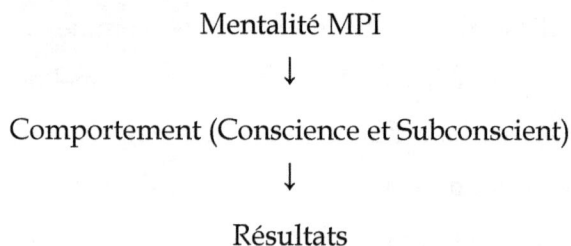

Mentalité MPI
↓
Comportement (Conscience et Subconscient)
↓
Résultats

Lorsque nous voyons ce schéma, nous sommes tentés ; tentés d'investir notre énergie sur de nombreux comportements et de nombreuses actions pour entraîner des résultats. **Cela serait une erreur considérable** et nous éloignerait de notre Monde Parallèle

Idéal. Lorsqu'on regarde ce schéma, il faut prendre en compte que la mentalité MPI en elle-même mène à des résultats. C'est là la clé de la Mentalité MPI. Considérez vos pensées comme des particules concrètes qui ont un impact physique sur le monde qui vous entoure. Il n'est pas nécessaire de croire en l'aspect scientifique de cette notion, en revanche l'accepter en tant que paradigme est indispensable à votre succès. Il est impossible de se rapprocher de votre MPI sans appliquer le paradigme que vos pensées affectent la réalité. Considérer que ce n'est pas le cas équivaut à considérer que votre conscience est insignifiante. En fin de compte, ce paradigme est ouvert au débat, mais on se doit de reconnaître que tout commence avec une idée, avec une pensée, c'est en revanche là l'évidence même.

Au cours de ce Pilier, nous verrons plus en détail la raison pour laquelle ce paradigme doit se présenter de la sorte :

Mentalité MPI → Résultats

« Il faut savoir ce que l'on veut.
Quand on le sait, il faut avoir le courage de le dire ;
quand on le dit, il faut avoir le courage de le faire. »
– George Clémenceau

Tout ce que nous venons de voir est l'armature de la Mentalité MPI, suivez-moi pour découvrir des observations plus spécifiques sur ce Pilier et ce paradigme.

La Mentalité MPI Affecte Directement le Corps

De tous les facteurs possibles et imaginables, votre ADN est la chose qui a le plus d'impact sur la structure et le fonctionnement de votre corps, c'est bien connu. Cela dit, ce n'est pas simplement l'existence de certains gènes qui détermine votre structure physique et votre fonctionnement biologique, c'est également savoir lesquels de ces gènes au sein de votre ADN sont *activés*, et lesquels sont *inactifs*. Le processus d'activation et de désactivation des gènes s'appelle l'*épigenèse*.

> *É-pi-ge-nèse, nom féminin :*
> « *Partie des phéromones du développement embryonnaire qui n'est pas due au programme génétique mais à d'autres facteurs, telle l'action de contact d'un tissu sur un autre.* »
> *- Larousse.fr*

> *Définition médicale :*
> « *L'épigénétique correspond au domaine se focalisant sur toutes les modifications (ou facteurs) qui ne sont pas codés par la séquence d'ADN [...]. Elle régule l'activité des gènes en facilitant ou en empêchant leur expression.* »
> *- Futura-Science.com*

La recherche en épigénétique montre que les expériences d'une personne, son environnement externe et son environnement corporel ont un impact sur lesquels de ses gènes seront activés ou désactivés. Les substances chimiques au sein du cerveau diffusées en réponse à ses expériences et à son environnement tout particulièrement, peuvent entraîner ces activations et ces désactivations. *Ce concept considérable est d'une grande importance étant donné qu'il s'adresse au potentiel qui dort en nous tous, que les activités au sein de notre cerveau peuvent réveiller. Nos pensées peuvent influencer notre expression génique.* Ce nouveau domaine de recherche tout-à-fait remarquable qui a commencé à se développer pendant les deux dernières décennies a été nommé L'*Épigénétique Comportementale*.

> *« Lorsque vous êtes inspiré par un grand but, un projet extraordinaire, toutes vos pensées brisent leurs liens : votre esprit transcende ses limites, votre conscience s'étend dans toutes les directions, et vous vous trouvez dans un nouveau monde merveilleux et grandiose. Les forces, facultés, et les talents qui dorment en vous s'éveillent, et vous découvrez que vous êtes infiniment supérieur à celui [ou celle] que vous avez rêvé d'être un jour. »*
>
> *- Patanjali*

ACTIVER ET DÉSACTIVER SES GÈNES

Le neurotransmetteur *acétylcholine* (substance chimique au sein du cerveau), peut **activer** certains gènes dans le corps par un procédé appelé l'**acétylation**. Le procédé opposé qui s'appelle la **méthylation**, est entraîné principalement par des hauts niveaux de stress, et peut **désactiver** des gènes vitaux. L'épigénétique comportementale a montré que les expériences traumatisantes – réelles comme perçues – peuvent marquer et muter la structure de l'ADN – ce qui peut entraîner des maladies –, et ces mutations peuvent même être transmises à notre descendance. Les expériences négatives sont subjectives, car elles n'existent que dans la perception de la personne concernée ; voir le monde comme un lieu en perpétuel conflit, et une approche négative à sa propre vie peuvent être le facteur qui affaiblit ses gènes et limite son poten-tiel. Même la simple influence de la défaite, si elle nous entoure, peut réduire l'expression génétique d'autrui en dépit de l'immense potentiel avec lequel nous sommes nés.

> C'est tout à fait dans la même veine que :
> « *Car on donnera à celui qui a ;*
> *mais à celui qui n'a pas on ôtera même ce qu'il a.* »
> – *Marc 4.25*

Un mauvais environnement non seulement limite les opportunités d'autrui, mais peut également verrouiller l'expression de son potentiel génétique.

Voilà le procédé à l'œuvre, qu'il est uniquement possible d'enrayer à force de conscience et de Mentalité MPI. Notre énergie émotionnelle affecte notre anatomie physique. Cet impact comportemental sur notre expression génétique peut être soit une opportunité soit une menace, selon la façon dont on utilise notre pensée, et comment on vit notre vie.

LA CERTITUDE DU SUCCÈS

En suivant un raisonnement que j'admets être quelque peu circulaire, je vous dirai que par définition, c'est appliquer la Mentalité MPI que de croire en la mentalité MPI. La Mentalité MPI est une certitude et appliquer la Mentalité MPI vous emmène assurément à votre Monde Parallèle Idéal – **telle doit être votre approche**. Si vous pouvez imaginer une possibilité, il existe un chemin pour l'atteindre. Vos pensées façonnent la réalité ; c'est une perspective qui tombe sous le sens pour tout individu connaissant un grand succès mais, et qui est obscure pour quiconque ne peut pas en dire autant. Mais nous sommes tous deux plus avisés que tout cela. Lisons plutôt les citations des sages meneurs ci-dessous pour voir ce qu'ils peuvent nous apprendre sur la mentalité MPI ainsi que pour notre édification et notre distraction :

Arnold Schwarzenegger : « *L'esprit est vraiment incroyable. Avant même d'avoir gagné mon premier titre de M. Univers, je faisais le tour du championnat comme s'il m'appartenait. Je l'avais gagné tellement de fois dans ma tête que le titre m'appartenait déjà. Ensuite, lorsque je suis passé aux films, j'ai utilisé la même technique. Je visualisais être un acteur à succès et je me suis fait beaucoup d'argent.* »

Andrew Carnegie : « *J'en ai fini avec la malédiction de la pauvreté le jour où j'ai pris possession de mon propre esprit. Cet esprit m'a depuis rapporté tous les biens matériels que je veux, et bien plus que je n'en ai besoin. Mais cette force mentale est universelle, accessible au plus humble comme au plus grand.* »

John Lennon : « *Nous savions que nous allions être le plus grand groupe de tous les temps. Nous attendions simplement que le reste du monde s'en rende compte.* »

Jim Carrey : « *Je me suis écrit un chèque de dix millions de dollars pour services rendus en tant qu'acteur et l'ai daté le jour de Thanksgiving 1995. Je l'ai mis dans mon porte-monnaie et l'ai laissé se dégrader. Et puis, juste avant la Thanksgiving de 1995, j'ai découvert que j'allais être payé dix millions de dollars pour tourner Dumb & Dumber. J'ai mis ce chèque dans le cercueil de mon père car c'était notre rêve à tous les deux.* »

Steve Jobs : « On ne peut pas prévoir l'incidence qu'auront certains événements dans le futur ; c'est après-coup seulement que les liens apparaissent. Vous pouvez seulement espérer qu'ils joueront un rôle dans votre avenir. L'essentiel est de croire en quelque chose – votre destin, votre vie, votre karma, peu importe. Car croire que les points vont se relier plus tard vous donnera la confiance de suivre votre cœur, même si cela vous mène hors des sentiers battus. C'est cela qui fera toute la différence. »

LA CERTITUDE = MOINS DE STRESS

Adopter la Mentalité MPI entraînera un sentiment d'assurance lorsque vous penserez à votre futur ; ce sentiment réduira votre peur de l'échec ainsi que vos tracas et éliminera pour ainsi dire votre stress tout le long de la route qui mène d'une image de votre existence à la suivante. La Mentalité MPI devient alors une auto-prédiction qui se réalise d'elle-même. Un niveau de stress élevé devient la norme au sein du corps sans un système comme la Mentalité MPI pour nous procurer la certitude que nos objectifs seront atteints. Après avoir réuni le courage nécessaire à adopter la certitude que nous parviendrons à notre destination, nous pouvons exécuter nos tâches dans le calme, avec grâce et avec assurance ; cela élimine la résistance, les blocages mentaux et le surplus de stress.

Lorsque nous sommes stressés, une hormone appelée *Corticostérone* est libérée et diminue la formation de nouvelles cellules au sein de l'hippocampe. L'hippocampe est important pour de nombreux types de mémoires dont la mémoire spatiale ainsi que pour la catégorisation de la plupart de nos souvenirs. Comme nous pouvons le voir, la peur et l'angoisse qui surviennent lorsqu'il vous manque un système efficace pour atteindre vos rêves – comme la Mentalité MPI – ont un impact sur la mémoire. Nous avons appris dans le Pilier I que la peur et l'angoisse fragilisent la connexion entre la conscience et le subconscient ; cela est dû en partie aux effets néfastes de la Corticostérone sur l'hippocampe.

Les Effets du Stress sur l'Expression des Gènes

Nous avons évoqué la *méthylation* – le procédé épigénétique négatif qui désactive l'ADN utile – qui déclenche des mutations potentiellement néfastes pouvant engendrer des maladies. Cela ne vous surprendra pas que l'agent principal de la méthylation soit la corticostérone. Cet effet du stress montre une des voies par lesquelles nos peurs, nos doutes, notre scepticisme ainsi que de nombreuses autres émotions négatives peuvent attirer la maladie. La pression liée à la vie est réelle, les défis que nous devons sans cesse relever le sont également ; mais le sentiment de stress perpétuel, lui, dépend de notre interprétation de ces événements et de la façon dont on y réagit. Appliquer la Mentalité MPI permet à l'individu de gagner un niveau élevé de certitude, ce qui réduit grandement son niveau de stress ; elle lui fournit du calme, de la paix et de la fluidité, ce qui aide également à réduire le stress.

Réduire le stress, c'est aussi réduire les effets du vieillissement, réduire les dégâts et les mutations de la structure de l'ADN, réduire les chances de désactiver un de vos gènes nécessaires à votre bon fonctionnement de votre organisme. La Mentalité MPI vous mène à une manière agréable de vous accomplir, facilitant la concentration.

« *Le Maître n'aspire jamais à la force ;*
Sa force est alors véritable.
L'homme ordinaire la recherche sans cesse ;
Il n'en a alors jamais assez.
Le Maître ne fait rien,
Pourtant rien n'est négligé.
L'homme ordinaire est sans cesse occupé,
Et il en reste toujours tant à faire. »
- Lao Tzu

LES ÉMOTIONS POSITIVES

La seconde clé de la mentalité MPI est de sentir la supériorité et l'influence des émotions positives sur les émotions négatives. Avec la Mentalité MPI, il est nécessaire de rester concentré sur les émotions positives à amplifier et sur les échelons de l'échelle énergétique à gravir tout en tirant profit de toutes les opportunités qui se présentent et qui permettent de se sentir bien, tout simplement. La dopamine est le neurotransmetteur principal lié au plaisir dans le cerveau, et c'est en montant toujours plus haut sur cette échelle énergétique que l'on augmente la production de dopamine du cerveau. Cet accroissement du niveau de dopamine dans le cerveau améliore la préservation de la mémoire et l'apprentissage, ce qui conduit le cerveau à produire un autre neurotransmetteur, l'acétylcholine.

Augmentation des Niveaux de Dopamine

↓

Amélioration de la Mémoire et de l'Apprentissage

↓

Production d'Acétylcholine

La Mentalité MPI entraîne donc une montée d'acétylcholine. Cette montée d'acétylcholine améliore le fonctionnement du cerveau en lui permettant de continuer à étendre son potentiel d'apprentissage. De plus, l'acétylcholine entraîne l'acétylation, ce qui permet aux gènes désactivés du fait du stress d'être à nouveau activés ; cela accroît la capacité de l'individu à mieux s'adapter à son environnement du fait de la réactivation de nombreux gènes positifs. Le noyau de chaque cellule permet à certaines parties inutilisées de l'ADN d'être réactivés grâce à l'acétylation, mais **seulement** si cette cellule a besoin de ces parties inutilisées pour mieux répondre à la pression environnementale. Pensez aux muscles qui se développent en devenant plus volumineux et plus forts lorsqu'ils sont poussés à leur limite pendant l'entraînement – c'est le même concept. Les fibres musculaires se régénèrent et se renforcent (si on les laisse se reposer et que les nutriments nécessaires leur sont apportés) après avoir été surmenées – le noyau de chaque cellule, en bon être vivant, détermine ce dont il a besoin pour fonctionner et favorise l'acétylation s'il a besoin d'améliorer ses performances pour répondre aux exigences du corps. C'est là une véritable connexion esprit-corps, le corps s'adaptant à nos demandes lorsque nous choisissons de nous surpasser pour atteindre notre vision de notre SIP et de notre MPI, tout en étant dans un état d'esprit positif entraînant la production de dopamine.

En résumé, lorsque nous nous sentons bien, le cerveau libère une plus grande quantité du neurotransmetteur appelé dopamine. Cette dopamine qui circule entre les neurones entraîne une réaction en chaîne menant à la production d'autres neurotransmetteurs positifs comme l'acétylcholine. Ce dernier nous permet d'avoir l'esprit plus clair, renforce la mémoire consciente, nous rend plus alerte et engendre des changements épigénétiques positifs à travers tout le corps.

La Mentalité MPI et le Cerveau

Nos pensées modifient notre cerveau et notre cerveau modifie nos pensées en un cycle continu. En améliorant notre raisonnement, nous avons un impact direct sur la structure de notre cerveau. Cela se passe ainsi car toutes nos pensées sans exception font parvenir à nos neurones des décharges électriques par l'intermédiaire de voies particulières ; plus l'on pense à des idées spécifiques, plus les liens et les chemins liés à ces idées deviennent efficaces et solides, et plus les autres chemins s'affaiblissent en comparaison. Cela entraîne le cycle suivant : plus nous auront de pensées empruntant ces liens, plus nous auront tendance à utiliser la Mentalité MPI ; et ce cycle se renforce par lui-même.

Mentalité MPI

↓

Des Chemins de Connections de la Mentalité MPI plus Robustes

(le cerveau s'adapte à l'augmentation

de la fréquence d'utilisation de ces zones)

↓

Qui dit Chemins plus Robustes dit plus de Mentalité MPI

↓

Plus de Changement Positif au sein du Cerveau.

Pour récapituler, voici les trois clés de votre MPI :

1. *Voir le Futur – Être le Futur*

2. *Les Émotions Positives*

3. *Les Pensées Créatrices de Réalité*

Plus notre comportement se rapproche de chacune de ces clés, plus ces façons de voir le monde devienne une partie intégrante de notre cerveau. Cela se concrétise par une accélération de nos progrès au fil du temps. Un certain temps d'adaptation est nécessaire pour être en phase avec son MPI, mais plus on y parvient souvent, plus il est facile de le refaire, et le plus longtemps dure la résonnance avec son MPI. Tout cela nous permet finalement de nous rapprocher de notre Monde Parallèle Idéal toujours plus vite.

Les Pensées Créatrices de Réalité – Le Mécanisme

On ne peut pas voir la Gravité, et bien que son effet sur nos vies soit indéniable, il n'existe toujours pas de théorie unifiée pour décrire le mécanisme exact à l'origine de cette force gravitationnelle. Et puis il y a cette autre force qui relie nos pensées à tout ce que nous désirons passionnément, ainsi qu'à tout ce qui nous fait mortellement peur. Nous devons arriver à voir les effets de cette autre force sur nos vies, même en l'absence d'une théorie unifiée qui décrirait son fonctionnement.

Nous devons en arriver à comprendre les impacts de cette force pour être en accord avec notre Monde Parallèle Idéal. Utiliser cette force consciemment, c'est utiliser la Mentalité MPI. Utiliser cette force, c'est considérer chaque pensée comme une entité concrète – comme un objet réel. Toute pensée est une énergie ; toute énergie peut vous tirer vers votre MPI, comme elle peut potentiellement vous en éloigner.

La Mentalité MPI suggère que chaque fois que l'on pense à quelque chose et que l'on ressent quelque chose, la nature même de nos pensées et de nos sentiments devient notre énergie. Cette énergie affecte notre comportement de manière imperceptible, et cela entraîne des effets qui correspondent à ces pensées et à ces sentiments. Cette énergie n'est pas une force métaphysique et en même temps, c'en est une – elle est dans un état de superposition. Afin d'arriver à vos fins, il est plus simple de la considérer comme une force métaphysique – considérez-la comme une sorte de magie, dont seuls les initiés au grand succès en connaîtraient l'existence. Bien que la description de ce mécanisme que je donne plus loin s'apparente quelque peu à une comparaison manquant de précision – tout comme la description scientifique de la mécanique de la gravité est imprécise et imparfaite –, je vous demanderai de ne pas vous arrêter sur ses imperfections car la force qu'elle tente de dépeindre est, elle, concrète et extrêmement puissante.

Citons d'abord deux scientifiques indiscutables :

« *Dans notre effort de compréhension de la réalité, nous sommes un petit peu comme un homme qui essaie de comprendre le mécanisme d'une montre fermée. Il voit les aiguilles qui bougent, il entend même le tic-tac de la montre, mais il n'a aucun moyen d'ouvrir le boîtier. S'il est ingénieux, il dessinera peut-être le mécanisme qu'il imagine capable de mettre la montre en mouvement, mais il ne saura jamais si son schéma est le seul qui pourrait expliquer ces observations. Il ne pourra jamais comparer son dessin au vrai mécanisme et ne peut même pas imaginer la possibilité ou la signification d'une telle comparaison.* »

- L'Évolution des Idées en Physique (1938) ;
Leopold Infeld et Albert Einstein

LE MÉCANISME À L'ORIGINE
DE LA TRANSMISSION DE PENSÉES

L'un des mécanismes à l'origine de la Mentalité MPI est que toutes nos pensées sont diffusées. Elles sont littéralement transmises à chacune des cellules de notre corps, et à chaque objet entrant dans notre champ de vision. Nous sommes enchevêtrés et liés à toutes choses, et les décisions que nous prenons quant à ce que nous allons penser ou ressentir ont un impact direct sur l'effondrement de la fonction d'onde de notre réalité.

Dans le mécanisme de la Mentalité MPI, chaque pensée que vous émettez est une onde cérébrale. Les ondes cérébrales ont une fréquence bien spécifique. Vos pensées vous permettent de vous connecter avec d'autres personnes et d'autres objets concrets sur la même fréquence. Par exemple, il est très difficile de vous connecter intellectuellement avec quelqu'un qui est sur une longueur d'onde différente de la vôtre. Vous avez peut-être vécu vous-même l'expérience d'avoir dit quelque chose qui a été interprété d'une manière complètement différente par votre interlocuteur ou interlocutrice. Une de vos affirmations positives a peut-être ainsi été interprétée comme un discours malintentionné par quelqu'un qui était sur une longueur d'onde différente et négative. Il va de soi que l'inverse est tout aussi possible et qu'alors qu'on essayait de vous tendre la main, vous avez peut-être déjà mal jugé, mal entendu ou mal interprété cette intentions pourtant honnête ; vous étiez simplement chacun sur une longueur d'onde différente. Vos pensées étaient dans des continuités d'événements différentes, et même votre vision du monde était à ce moment-là différente de celle de cette main tendue.

C'est la raison pour laquelle il est tout aussi difficile d'arriver à un but ou de parvenir à un objectif quelconque si votre mentalité ne correspond pas à la fréquence de ce but. Vous devez être sur la même longueur d'onde que votre Situation Idéale Proche et que votre Monde Parallèle Idéal (voir le chapitre *Voyez le Futur – Soyez le Futur*). Pour être sur la même fréquence que votre MPI, pensez et agissez *comme si*. Pensez *comme si* vous aviez déjà atteint ce grand succès – pensez *comme si* vous étiez déjà ce grand acteur, *comme si* vous étiez déjà ce grand avocat, *comme si* vous étiez déjà ce grand PDG. À partir de maintenant, vous faites le choix de penser :

Comme si vous étiez déjà_____

Comme si vous étiez déjà_____

Comme si vous étiez déjà_____

Comme si vous étiez déjà_____

Pour être sur la même fréquence que votre MPI, n'attendez pas le jour où vous aurez toutes les vertus idéales ; supposez plutôt avoir d'ores et déjà ces vertus, et pensez selon ce point de vue. Utilisez le « Je Suis » et faites-vous confiance pour Être le Futur :

Je suis confiant(e).

Je suis positif(ve).

Je suis plein(e) d'amour.

Je suis reconnaissant(e).

Je suis heureux(se).

Je suis _____

Je suis _____

Je suis _____

Je suis _____

Dans le mécanisme de la Mentalité MPI : Chacune de ces pensées « Je Suis » et de ces pensées *Comme si* est une particule matérialisée suite à une réduction du paquet d'onde méticuleuse et délibérée ; en choisissant les pensées appropriées, vous pouvez faire s'effondrer la fonction d'onde de votre réalité de façon contrôlée et ainsi Atteindre Vos Rêves. Ces fruits de la Mentalité MPI sont les instruments permettant de dévier le flot le la réalité actuelle et d'utiliser la physique quantique à vos fins.

« Dieu dit à Moïse : Je suis celui qui suis... »
- Exode 3.14

LA PREUVE

Il n'existe aucune preuve validant la Mentalité MPI autre que vos propres essais et vos expériences futures. Et c'est là-dessus que repose la vie ; c'est là-dessus que repose votre évolution personnelle. C'est une leçon précoce sur la manière d'utiliser la force étonnante enfouie en vous. Cette expérience ici sur Terre est, pour ainsi dire, un cours d'initiation visant à vous apprendre comment utiliser vos paroles pour créer votre Monde Idéal.

> « Par la foi nous comprenons que les mondes ont été disposés par la parole de Dieu ; de sorte que les choses qui se voient n'ont pas été faites de choses qui paraissent. »
> – Hébreux 11.3, Version du Roi Jacques (KJV)

Si ce que vous faites dans la vie vous convient bien et continue de bien fonctionner pour vous, continuez alors sur cette voie. Si en revanche vous recherchez toujours un plus grand pouvoir, plus d'influence et le don de déployer une force de création infinie à volonté – alors le chemin qui est fait pour vous passe par la pensée.

VOS PENSÉES

Tous les chemins qui mènent à votre Monde Parallèle Idéal dépendent de ce que vous vous autorisez à penser. La programmation du subconscient, dont nous avons débattu plus haut, porte sur la manière de contourner des années de réflexion et de se livrer à l'inception de nouvelles idées. Ce Pilier, la Mentalité MPI, porte sur les pensées. Tout n'est que Pensées. Le point où vous en êtes aujourd'hui découle de vos nombreuses pensées passées – vous pouvez l'accepter maintenant ou l'accepter seulement une fois que le succès vous aura souri –, mais à chaque instant où vous niez la responsabilité de vos pensées, vous vous éloignez un peu plus de votre Monde Parallèle Idéal.

À chaque moment vécu, à chaque moment passé à penser, nous émettons des *ondes de pensées*. Ces ondes de pensées façonnent notre présent et construisent notre futur. Nos pensées impactent le comportement des individus qui nous entourent, tout comme elles influencent notre propre subconscient. Nos pensées attirent vers nous des objets, des activités, des gens, des événements, voire même d'autres pensées encore, sur des fréquences similaires aux nôtres. Si nous déposons des pensées d'amour au creux de notre esprit, nous attirerons l'amour à nous ; si nous pensons à la haine, nous répandrons cette haine ; si nous pensons à la gratitude, nous l'attirerons vers nous ; toutes les sortes de pensées, qu'elles soient enrichissantes ou qu'elles appartiennent au côté obscur, viendront à nous en réponse aux pensées que nous diffusons à travers le monde. Ce procédé n'a rien de magique (ou du moins pas forcément) et ici sur Terre, il est souvent loin d'être instantané. Il serait déraisonnable d'attendre des résultats immédiats, tout comme il serait déraisonnable de faire faire de la corde raide à un enfant qui vient d'apprendre à marcher.

« *À grand pouvoir, grandes responsabilités,* » et au fur et à mesure de notre évolution et de notre rapprochement de notre MPI, notre pouvoir, avec notre *moi supérieur,* grandit. Il grandit d'abord linéairement, puis ensuite exponentiellement. L'apprentissage de la Mentalité MPI n'est pas instantané – les graines de haine semées au plus profond de nous, par exemple, mettent parfois des années à germer, et leurs fruits à vous revenir. Si vous plantez une graine d'engagement au travail de qualité (*malgré un patron ingrat*), la moisson mettra peut-être des mois, voire des années, à être mûre. On ne récolte pas toujours non plus ce qu'on espère, mais quelle que soit la forme que prend cette récolte, elle est toujours juste ce qu'il faut pour nous permettre de nous rapprocher de notre Monde Parallèle Idéal. N'oubliez pas que les pensées existent réellement, alors choisissez-les avec sagesse.

QUE VISER ?

Laisser son esprit poursuivre toutes sortes de cibles peut être dangereux. Porter un intérêt centré sur sa Situation Idéale Proche et sur son Monde Parallèle Idéal est nécessaire pour pouvoir les atteindre. Votre énergie sera illimitée seulement une fois que votre compréhension de la force sera absolue. En développant cette réserve d'énergie qui grandit avec vous, pensez à l'accroître aussi par votre qualité de concentration.

Voir l'amour à travers le monde, c'est être sur la même fréquence que l'amour ; voir et reconnaître un élément, c'est être sur la même fréquence que cet élément. C'est pourquoi il est si important de se focaliser sur ce qu'il y a de bon, même dans les situations les plus épouvantables. Ainsi, nous favorisons ce qui est bon ; nous ne maudissons pas les ténèbres mais nous allumons plutôt la lumière – nous nous concentrons sur cette dernière pour que notre énergie l'aide à chasser l'ombre plutôt que de lutter contre la pénombre. Telle doit être notre démarche pour toute chose :

En tant que responsable économique, concentrons nos efforts sur la célébration des employés modèles et la récompense des comportements exemplaires ; passons en revanche un temps aussi minime que possible à blâmer, critiquer, punir et nous plaindre. Il est bien sûr indispensable d'appliquer les règles et de réprimander lorsque cela est nécessaire, mais ne nous attardons pas sur ces territoires obscurs. En un sens – bien que pas littéralement –, ce n'est pas *qu'on n'aime pas trop avoir affaire à des imbéciles,* mais plutôt qu'on n'aime pas avoir affaire à des imbéciles *un point c'est tout.*

En tant qu'enseignant, concentrons nos efforts sur la récompense des bons étudiants et gardons-nous de mettre en œuvre des efforts considérables pour railler les mauvais.

En tant que parent, passons du temps sur les comportements positifs de nos enfants. Assurons-nous en même temps que leurs manières les plus déplaisantes ne sont pas encouragées de manière à éviter qu'elles n'obtiennent le type d'attention que les voyous recherchent. Délaissons ce qui est négatif pour privilégier et encourager le positif.

En tant qu'étudiant, concentrons-nous sur l'optimisation de nos performances dans nos matières les plus solides, tout en évitant la médiocrité inévitable qui découle d'une concentration excessive sur nos points faibles. Comblons nos lacunes et nos faiblesses, bien sûr, mais concentrons la force de notre attention sur nos sujets de prédilection.

En tant qu'amant, concentrons-nous sur les grâces de notre partenaire et pas sur ses imperfections. Lorsque nous sommes amoureux, nous le faisons automatiquement – nos yeux se dilatent et perçoivent alors toutes les nuances de lumière possibles et imaginables diffusées par son visage. Nous voyons l'autre à la lumière de ses intentions les plus nobles et il(elle) nous renvoie parfois le reflet de nos propres qualités sous notre propre lumière, tel un miroir qui à lui seul illuminerait une pièce toute entière. Décidez que telle sera alors désormais votre démarche pour toute chose.

Maintenir nos pensées sur des fréquences positives en toutes circonstances est un effort réfléchi pour développer ce qui est bon, plutôt que de gaspiller notre précieuse énergie à nous battre contre ce qui l'est moins.

Mère Teresa l'avait bien compris lorsqu'elle dit :
« *Ne m'invitez pas à manifester contre la guerre car ne je viendrai pas. Mais si vous m'invitez à manifester pour la paix, j'y serai.* »

CEUX QUI DOUTENT

Vous remarquerez, au fur et à mesure de votre approche de votre MPI, qu'au bout d'un moment, les gens haineux n'auront plus la moindre importance ; les mots des sceptiques et des dissidents n'auront plus aucun poids, les tentatives de médisance vous feront sourire et les commentaires laissant sous-entendre que vous êtes faible vous feront pouffer de rire.

Répondez simplement aux menaces, aux obstacles et aux hypocrisies par la pensée suivante :
« Non mais tu veux rire ? As-tu la moindre idée de qui je suis ? »

Si vous voyez un *mur* au loin, lancez-lui,

« Il ne doit pas être au courant que je suis en route – car aucune force sur terre ne peut m'arrêter. »

La Positivité Attire ses Semblables

> « *[Considérez-vous] comme une sorte d'aimant humain qui attire les gens dont le caractère se trouve en harmonie avec le vôtre.* »
> - *Napoleon Hill*

Les émotions et les pensées négatives résultant de mentalités non-MPI entraînent des ondes de pensées négatives et au long terme, une familiarisation de la personne avec ces ondes. En continuant dans cette voie, l'individu sera amené bien entendu à voir de plus en plus d'éléments sur la même fréquence. En psychologie, on appelle cela *la pensée congruente avec l'humeur*. Nos souvenirs ont tous un petit composant émotionnel et à chaque fois que nous ressentons quelque chose, le cerveau évoque des souvenirs et des expériences correspondant à cette émotion – nous plongeons alors au cœur de cette émotion à travers le portail de ces souvenirs. Certains de ces mondes sont fabuleux, d'autres le sont moins. En choisissant le côté obscur de ce principe de congruence, non seulement on attire à soi toutes les fréquences négatives des environs, mais on assiste également à sa propre transformation graduelle en un habitué de ces fréquences négatives ; Le monde disparaît alors derrière un voile apocalyptique opaque semblant annoncer un déclin qui paraît inéluctable – vous êtes à la merci d'un impitoyable cercle vicieux de négativité.

Par chance, cela fonctionne dans les deux sens : en choisissant de ressentir les émotions positives et de se focaliser sur les pensées positives, on acquiert une familiarité aux ondes de pensées positives. On attire ensuite vers soi les ondes de pensées positives similaires puis on développe notre capacité à reconnaître la positivité – dans un cercle vicieux qui ne serait pas vicieux, mais plutôt *vertueux*, duquel il faut prendre soin afin de garder le cap sur notre MPI. Le chemin nous rapprochant de notre MPI est un chemin pavé d'émotions positives, c'est le chemin du Bonheur, de l'Amour, de la Joie, de la Paix, de l'Indulgence, de la Gratitude, de l'Ambition, de la Liberté, de la Confiance, de la Passion, de l'Enthousiasme, de la Conviction, de l'Engagement, de la Volonté, de l'Optimisme, de l'Espoir, de l'Humilité, de la Compassion et que sais-je encore. Le simple fait de prononcer ces mots remonte le moral tout en les introduisant brièvement dans le subconscient.

La Mentalité MPI et votre Environnement

Vous savez maintenant que chaque élément de votre vie présente est la matérialisation d'une de vos pensées passées. Pour connaître la nature de ces pensées, il vous suffit de regarder où vous êtes et en quoi consiste aujourd'hui votre existence. Elle est sûrement composée de choses qui se passent fort bien, et de choses que vous aimeriez accomplir. Pour aller de l'avant, il vous faut percevoir qu'en ce moment même, votre existence est une représentation holographique tridimensionnelle de toutes vos émotions et de toutes vos pensées vécues jusque-là.

Certes, ce que vous êtes, cette représentation de choix anté-
rieurs, n'a pas surgi du néant. Tout au long de votre existence, vous
êtes entouré des énergies d'une multitude d'autres personnes : vos
amis, votre famille, vos collègues. Cependant, la façon dont cet
environnement énergétique vous a affecté dépend grandement
de l'effet cyclique des émotions positives contre les émotions
négatives décrit plus haut ; c'est-à-dire que si, par exemple,
exposé à un environnement fortement négatif, vous choisissez le
côté obscur à votre tour, le taux de vibrations négatives que vous
recevrez, en résonance avec vos nouvelles convictions, sera bien
plus élevé qu'au sein d'un environnement positif.

Imaginez une enfant grandissant dans un quartier saturé
de délinquance, avec des voisins voleurs, des dealers et des
prostituées ; si cette enfant rêve d'être un jour médecin et
citoyenne modèle, elle devra se concentrer pour rester sur
ce chemin étroit pavé d'apprentissage scolaire journalier, de
concentration sur les études, de régime alimentaire équilibré
et de couvre-feu, chaque faux-pas pouvant compromettre son
édifice de discipline et de bonne conduite pour toujours. En effet,
si cette enfant décide d'essayer les drogues, le sexe ou d'arrêter
ses études prématurément, elle se retrouvera vite entourée par un
chœur d'amis et de voisins soutenant ce type de comportement
qui maintiendront son cap orienté vers l'ombre – une sorte de
régression vers le niveau de négativité ambiant. Ainsi encerclée
par cet environnement négatif, elle peut toutefois accomplir
tous les exploits auxquels elle aspire, si, et seulement si elle reste
extrêmement focalisée sur ce but – car si elle s'en écarte, même un

instant, elle trébuchera et ne s'en relèvera peut-être jamais.

Prenons cette enfant hypothétique et déposons-la maintenant dans un environnement où fleurit le succès ; les voisins de gauche réussissent bien leur vie, ceux de droite sont un jeune couple de scientifiques, les seules drogues qu'on y trouve sont prescrites, son école est maintenant bien équipée, ses professeurs sont passionnants et efficaces ; c'un quartier où, en somme, les individus et la réussite prospèrent – un environnement positif. Si elle s'égare de son chemin de prédilection, son nouveau cercle d'amis, ses professeurs et ses voisins la pousseront tout d'abord à revenir sur le droit chemin ; ensuite, même si elle se métamorphosait subitement en une enfant-démon biblique, étant donné que son environnement renforce la positivité et non la négativité, sa déchéance sera beaucoup plus lente que dans un environnement négatif. Les chances de succès seront largement plus élevées dans le deuxième scénario, un scénario dans lequel un retour à la *normale* n'est pas une catastrophe.

De la même manière, si l'énergie négative vous entoure de toute part et que vous vous sentez vous-même sombrer, pensée après pensée, cette dégringolade de l'échelle énergétique sera bien plus rapide qu'au sein d'un environnement positif. Votre environnement, c'est-à-dire votre famille, vos amis, vos proches, vos collègues, etc., a un impact indéniable sur votre réalité ; cependant, n'oubliez pas que la responsabilité ultime vous revient et dépend de vous, de votre choix de diffuser sur des fréquences négatives, d'accepter les pensées négatives d'autrui. Être positif et pratiquer la Mentalité MPI dans un tel environnement n'est pas évident, mais telle est votre mission pour changer de chemin.

Si vous croyez en ce que vous faites avec conviction, que vous tirez parti de votre subconscient, que vous avez créé une image de votre MPI que vous vous représentez et que vous ressentez l'émotions de l'avoir déjà atteint, alors les pensées de faiblesse, d'échec ou toute autre négativité émanant des individus qui vous entourent auront un effet bien moins considérable sur vous. Le monde derrière vos yeux sera alors plus authentique que celui qui leur fait face.

Quel que soit notre environnement, lorsque nous insistons sur le succès, lorsque nous nous penchons sur ce qui est bon – sur la positivité –, nous attirons à nous le succès, le bien-être et la positivité ; c'est ainsi que nous communiquons le mieux avec ceux qui sont sur la même fréquence que nous.

Mon ami David à travaillé presque deux ans dans une compagnie où, malgré ses capacités, il a peiné à réussir et n'a jamais reçu la promotion qu'il visait. Avant de remettre sa démission, il m'a dit qu'il avait souvent la sensation de ne pas y trouver sa place. Il fut étonné lorsque je lui dis qu'il avait raison. Sur les quatre-vingts employés, nous n'étions que trois – moi y compris – à être sur la même longueur d'onde que lui. Il quitta donc la société, quitta ce milieu, et trouva d'autres domaines où il connut un franc succès. Et c'est là une vraie possibilité si nous nous retrouvons au milieu de fréquences et d'ondes qui ne s'accordent pas avec les nôtres. En restant concentré sur la fréquence de notre MPI, on comprend très vite si notre environnement nous est favorable ou pas, et nous pouvons aussi choisir de nous en faire expulser ou de le quitter. Ne considérez pas cette dérobade comme négative mais plutôt comme une ascension d'un niveau de conscience inférieur à un niveau supérieur. Considérez-la comme une transition d'une section moins positive de la matrice des pensées vers une section plus positive. Efforcez-vous de considérez ce départ comme un pas vers l'avant, comme un progrès.

Votre Famille, vos Amis, vos Égaux

Penchez-vous un instant sur le fait que les personnes avec qui vous passez le plus de temps ont un impact considérable sur votre vie. Cela dépend d'un mécanisme cyclique de renforcement ; si l'énergie de vos proches n'est pas sur la même fréquence que votre MPI, alors leurs pensées (se reflétant dans leurs actions et leurs réactions) s'accumuleront en un amas d'énergie potentielle pouvant vous chasser du chemin menant à votre Monde Parallèle Idéal (MPI). Cette masse d'énergie potentielle négative se transforme en énergie cinétique, et ne se déclenchera que si vous commencez à douter de vous. Si chaque jour vous pratiquez l'exercice consistant à insérer les bonnes idées au sein de votre subconscient, alors votre niveau de certitude sera élevé, vous serez tourné vers votre Idéal – tel un panneau solaire récoltant tranquillement de l'énergie – et l'impact négatif des autres sera limité. Étant donné que votre environnement générera forcément des effets cycliques positifs ou négatifs, il est préférable de choisir un environnement qui renforce votre positivité.

LES CINQ LIENS

Vous pencher sur les cinq personnes avec lesquelles vous passez le plus de temps est une étape-clé dans le façonnage de votre environnement. Au cours de votre vie, vous serez amené à constater que ce sont ces cinq connaissances-là qui ont le plus grand impact sur votre vie. Avec le temps, vous deviendrez la médiane de ces cinq individus dans vos traits, votre carrière, le succès de votre vie, dans l'intervalle d'un ou deux écarts types. Il s'agit d'une simplification de ce que nous avons déjà établi, à savoir que votre entourage a une grande influence sur votre réalité quotidienne. Ce concept d'être la *médiane des cinq* est une mesure de votre environnement fort utile.

Faites maintenant ci-contre une liste des cinq personnes avec lesquelles vous passez le plus de temps chaque semaine. Il peut s'agir de membres de votre famille, d'amis, de camarades, de collègues, de quiconque. Votre interaction avec ces individus ne résulte peut-être pas d'un choix conscient de votre part, comme par exemple dans le domaine du travail, mais cela ne rend pas leur influence sur votre vie moins réelle ou moins pertinente pour autant.

Mes Cinq Liens du Moment

1ère Personne _____

2ème Personne _____

3ème Personne _____

4ème Personne _____

5ème Personne _____

Considérez maintenant que vous êtes en ce moment même – ou que vous serez amené à devenir – la médiane de ces cinq personnes, d'une façon ou d'une autre – pas seulement en termes de succès matériel, mais également dans des domaines qui dépendent d'attributs plus subtils, tels que la détermination, la confiance en soi ou l'humilité. Une fois, un ami m'a dit qu'il passait la majeure partie de son temps avec son bébé et sa femme, donc qu'en suivant ce raisonnement, il devrait être en train de baver, de babiller et de faire du yoga depuis longtemps ; or l'influence a lieu à un niveau bien plus profond que cela. Côtoyer un bébé pendant un délai prolongé peut nous apporter des connaissances profondes sur la croissance, la passion, la curiosité, la créativité et la confiance. Tous ces traits de caractère sont précieux et il est compréhensible de vouloir les privilégier au sein de notre propre personnalité. Être un parent développe la pédagogie, accroît la patience, l'attention, la résistance, la générosité et de nombreux autres traits positifs liés au temps passé en famille. Cette *loi des cinq liens* simplifiée semble en fin de compte être bel et bien valide.

Vous vous demandez peut-être : « Est-ce que ces cinq personnes m'inspirent, me soutiennent, me mettent au défi, me poussent à avancer toujours plus loin ? » Vous avez tout-à-fait le droit de choisir les personnes avec qui vous passez du temps afin de l'optimiser. Cela dit, gardez-vous de vous focalisez sur l'élimination ou le remplacement de l'une de ces connaissances au sein de votre cercle d'amis, ou encore sur la négativité de l'une d'entre elles, car cela même vous fera émettre sur une fréquence négative. Concentrez-vous plutôt sur les personnes avec lesquelles vous avez envie de passer plus de temps et cherchez des façons raisonnables pour y parvenir. En recherchant la positivité et en vous concentrant sur le fait d'augmenter votre interaction avec ces personnes clés positives, vous écarterez automatiquement tout le reste. Ce sera votre source de lumière éclairant la pièce sombre. Rappelez-vous que cette méthode qui consiste à se concentrer sur la positivité plutôt que sur la négativité est un des points clés de la Mentalité MPI. Rien ne vous empêche de mettre à jour votre liste de cinq liens par la suite si nécessaire.

> « *Laisse aller ceux qui t'abattent et entoure-toi de ceux qui font ressortir le meilleur en toi.* »
> *- Épictète*

Mes Nouveaux Cinq Liens

1ère Personne   _____

2ème Personne   _____

3ème Personne   _____

4ème Personne   _____

5ème Personne   _____

Ceux qui vous sont les plus proches feront évoluer votre raisonnement, votre vision du monde, votre concentration et la force de votre sensibilité. Cela est incontournable et ce n'est pas un jugement ; il n'est pas question ici non plus de suggérer une seconde que vous devriez remplacer vos amis ou votre moitié comme si vous étiez chef d'équipe et eux des joueurs jetables – *ou est-ce vraiment le cas* ? Cela dépend de vous, mais il est difficile de gagner lorsque l'on est entouré de ~~perdants~~ fréquences négatives. Vos Cinq Fantastiques doivent avoir foi en votre potentiel, ils vont également devoir évoluer pour s'adapter à vous, et vice versa.

Interagir avec des êtres qui ne vous voient pas comme vous vous voyez *fera s'effondrer votre fonction d'onde* et cela ne vous avancera pas dans la quête de votre MPI. Nous avons tous eu cette idée super excitante que nous avons présenté à un ami, qui nous a simplement dit quelque chose du genre « ce n'est pas faisable », ce qui nous a fait pâlir et nous a complètement sapé le moral pour le reste de la journée – il a *fait s'effondrer notre fonction d'onde* à notre place, ce qui en aucun cas ne nous a été utile. Cette personne extérieure vous a retiré de cette mer de possibilités infinies dans laquelle nous baignons tous, vous a retiré du flot des possibilités et a forcé votre réalité à devenir une seule et unique expression de particule teinté de faiblesse. Ne permettez plus jamais cela. Ceux qui ne croient pas en votre potentiel peuvent vous rabaisser à une réalité en-dessous de votre potentiel. Ils essaieront de vous faire remettre les pieds sur terre – *leur terre* ! Celle au sein de leur réalité, loin de la vôtre et de votre Monde Parallèle Idéal. Ne l'acceptez pas. On l'e~~~~, leur réalité. Parvenez à plus en visualisant et en étant votre propre réalité.

La réalité est, en un sens, un commun accord d'esprits. Votre esprit doit avoir la force de porter votre vision du monde pour qu'elle influence la leur, plutôt que l'inverse. Je ne parle pas ici de confrontation, mais plutôt de savoir qui Vous Êtes, de connaître votre MPI et de vivre au sein de la certitude, de la paix et de la sérénité du succès inévitable.

Lorsque quelqu'un a une vision claire du *Je Suis* et pénètre dans une pièce, chacun dans cette pièce, consciemment ou inconsciemment, sent que l'énergie au sein de la salle vient d'augmenter. Une seule personne peut changer l'énergie de toute une assemblée pour le meilleur, ou pour le pire. Il est de votre responsabilité d'être cet individu qui fonctionne sur une haute fréquence, et qui accroît l'énergie de tous ceux qui croisent son chemin.

Nous pouvons penser à des exemples comme celui-ci : lorsque quelqu'un fait preuve de courage dans une situation dangereuse, alors que le reste du groupe est paralysé par la peur, cette personne courageuse fera grandir le sentiment de courage au sein du reste du groupe, ou bien il succombera à la peur lui-même. Il est rare de voir l'énergie d'une personne rester sur une haute fréquence lorsqu'il est entouré d'abonnés aux fréquences basses. Souvent, les énergies se mélangent et atteignent toutes un équilibre médian.

« *Si tu peux conserver ton courage et ta tête*
Quand tous les autres les perdront... »
- *Rudyard Kipling*

« *Un homme avec du courage fait une majorité.* »
– *Thomas Jefferson*

C'est là qu'il est essentiel d'incarner l'énergie que vous ressentez au sein de votre Monde parallèle Idéal : vous devez ressentir l'énergie maximum, la fréquence la plus haute de pensées et d'émotions de votre Idéal, et vous devez maintenir cette haute fréquence malgré les fréquences différentes des personnes qui vous entourent. En restant sur une fréquence supérieure, les autres se tourneront progressivement vers vous lorsqu'ils auront besoin de sagesse, de conseils ou d'être dirigés. Ils vous suivront en tant que guide, commenceront à se comporter en accord avec votre fréquence supérieure et, au fur et à mesure de cette progression, vous verront de plus en plus de la façon dont vous vous voyez. Votre influence sur la vie des autres vous rapprochera de votre Monde Parallèle Idéal.

La Patience dans un Environnement Négatif

Ne ressentez jamais de peur ou d'inquiétude au sujet de votre environnement actuel ; ces deux émotions négatives ne font que commencer le cycle de l'attraction négative que cet environnement amplifiera et vous vous retrouverez dans une atmosphère de travail baignant dans la négativité. Votre responsabilité est de vous concentrer sur la positivité, sur l'enseignement à en tirer pour évoluer au sein de cet environnement et sur ce qu'on peut en retenir pour mieux s'en extirper.

La Mentalité MPI dépend grandement de vos attentes, et vous attirerez à vous les éléments pour lesquels votre conviction est la plus forte. Si tout au long de la journée, votre émotion dominante est la peur et l'inquiétude, cela attirera les circonstances qui vous font vous sentir ainsi.

Ressasser les aspects négatifs de votre environnement actuel attirera des environnements similaires. Si vous avez peur de vous retrouver prisonnier d'un milieu négatif, c'est exactement cela qui arrivera – le principe est assez simple. Si vous vous concentrez sur ce que vous pouvez apprendre et si vous créez une image du type d'environnement dans lequel vous avez l'intention de vous trouver, vous tirerez des leçons de votre entourage présent et vous emporterez ces leçons avec vous dans celui que vous avez imaginé. Ce nouveau cadre peut être votre Situation Idéale Proche ou encore votre MPI, tant qu'il n'est pas trop disproportionnée par rapport votre cadre actuel.

Pour éviter la peur et les soucis, implantez des idées de force et de courage au sein de votre subconscient en utilisant les méthodes décrites dans les chapitres précédents de ce livre, dans le cadre du plan de pensées journalières positives en cours. Vous devez prendre en charge les sentiments de bravoure et de force. Comme pour toute chose, maudire les ténèbres ne constitue pas un cheminement qui vous amènera vers votre SIP ou votre MPI ; suivez la lumière, c'est-à-dire les émotions positives encouragées par la Mentalité MPI ; ces pavés-là, vous pouvez leur faire confiance.

Vos pensées doivent provenir à la fois du courage et de la compétence :

« *Nous devons sans arrêt construire des digues de courage pour repousser les vagues de la peur.* »
- *Martin Luther King*

Tant que vous ressentez de la peur, vous êtes coincé, vous êtes fini, tous les chemins menant à votre Monde Parallèle Idéal sont fermés – que cela soit bien clair. Pour comprendre cela, réalisez que *la seule chose à craindre est la peur elle-même,* mais osez refuser cette peur de la peur – ayez un courage tel que la peur s'enfuit lorsque vous entrez dans la pièce. Plantez en votre esprit l'idée que votre courage et votre force sont si colossaux que vous terrifiez la peur.

Imaginez le nombre de grandes entreprises étouffées par la peur, le nombre d'aventures jamais vécues, le nombre de mondes idéaux que l'on n'essaiera jamais d'atteindre à cause de cette même peur. N'est-ce pas horriblement paralysant de rester là à contempler la probabilité de l'échec, de se dire « peut-être que ça ne marchera pas, et si c'était le cas, et si j'avais l'air ridicule, ou bien alors je pourrais plutôt... , ou bien alors je devrais plutôt... , peut-être que... ? » La peur sape les fondations et détruit les colonnes ; elle déconnecte vos actions de votre volonté, celle du *vous supérieur*, celle qui provient de votre MPI. La peur vous sépare de possibilités infinies.

Ajoutez l'exercice qui suit à votre liste d'activités : prenez l'habitude de faire quelque chose qui vous fait peur au moins une fois par semaine, et faites quelque chose qui vous met mal à l'aise chaque jour. Le résultat de ces exercices – c'est-à-dire rassembler son courage – est le renforcement de la connexion entre vos actions, votre *vous supérieur* et ses possibilités infinies. Une fois que vous aurez inséré le courage dans votre subconscient et qu'il sera devenu votre mode de vie, le lien entre l'image actuelle dans laquelle vous vivez et votre MPI sera bien plus robuste ; la vision du chemin qui vous conduira à ce MPI sera bien plus claire. La peur, elle, brouille la vision.

La plus grande bataille à entreprendre, le combat primordial, la guerre à mener la plus importante qui soit, est l'affrontement du courage et de la peur – il ne peut y avoir qu'un vainqueur –, et c'est vous qui vaincrez, secondé par le courage, ou le chemin qui s'ensuivra vous attirera vers le côté obscur puis vers la mort.

LA PEUR SOUS UN AUTRE NOM

Assurez-vous que vous reconnaissez la peur sous toutes ses formes. Elle aime se déguiser en angoisse ; en tant que telle, l'angoisse n'en est pas moins dangereuse. Vous pensez peut-être qu'à certaines occasions, la peur et l'angoisse vous ont aidé à accomplir une tâche ou à respecter un délai pour un projet important, ou vous ont poussé à travailler encore plus dur pour arriver à un but financier donné – cela est correct. Le problème n'est pas que la peur ou l'angoisse sont complètement improductives, mais plutôt que cette émotion fait partie du côté obscur et y mènent ; elles mènent à un endroit néfaste. Elles apportent avec elles tout un groupe d'émotions négatives toute aussi néfastes, caractéristiques du côté obscur. Le coté obscur est synonyme d'un flot de stress ainsi que de la création d'ennemis et d'opposition. Il est vrai que le côté obscur peut produire des résultats en un temps réduit, mais il durcit chaque cellule, chaque ambition et chaque fibre de votre être. Le côté obscur raidit le corps et étouffe les réalisations et les possibilités futures. Aucun des chemins qui mènent à votre Monde Parallèle Idéal ne passe par la peur ou par l'angoisse. Le côté obscur ne peut vous mener à votre MPI et même si c'était le cas, un tel résultat ne serait pas durable. Le côté obscur et ses émotions consument et détruisent tout. Vous pourrez peut-être utiliser ces forces provisoirement, à vos risques et périls et à ceux de vos proches. Pour vous pousser à passer à l'action, n'utilisez ni la peur ni l'angoisse, utilisez plutôt la confiance, la concentration, la gratitude, l'amour et toutes les autres émotions positives. Envelopper votre Situation Idéale Proche de ces émotions bénéfiques créera l'énergie nécessaire au passage à l'acte et rendra le côté obscur inutile.

> « *Vous ne pouvez jamais devenir un grand homme ou une grande dame avant de vaincre l'anxiété, l'inquiétude et la peur. Il est impossible pour une personne anxieuse, inquiète ou apeurée de percevoir la vérité ; de pareils états mentaux déforment toutes choses et les déconnectent de leurs liens véritables, et ceux qui sont dans ces états ne peuvent lire les pensées de la Source.* »
> - *Wallace D. Wattles*

LES LIMITES DE VOTRE FORCE

Pendant les premiers stades de compréhension et d'utilisation de la force à votre disposition, vous aurez certaines restrictions énergétiques ; c'est-à-dire que la force du subconscient et les potentialités infinies de la fonction d'onde vous accordent bien un pouvoir illimité, mais que vous n'aurez accès à cette source d'énergie infinie qu'une fois que vous aurez totalement compris cette force. En attendant, vous n'aurez accès qu'à un taux d'énergie plus limité. En tant qu'être physique, vous disposez d'une réserve d'énergie à laquelle vous avez accès tout au long de la journée ; vous devez donc sans cesse décider sur quoi concentrer cette énergie. Vous pouvez l'utiliser pour développer tel ou tel aspect de votre existence, pour ce que vous avez l'intention de faire bien, mais vous pouvez également la gaspiller avec l'angoisse et la peur. Ces deux freins ne produisent rien, alors que viser un Monde Parallèle Idéal avec des intentions positives claires peut vous faire accomplir de grandes choses. Investissez cette réserve d'énergie judicieusement – cela n'est pas facultatif –, il n'existe qu'un seul droit chemin.

L'INDULGENCE

Dans le cadre de la mentalité MPI, vous devez être prêt à accepter le monde lorsque vous n'atteignez pas vos objectifs, oui, et imaginer avec assurance de pouvoir gérer la situation en l'absence de succès. Faites-le dans le calme et avec courage. Paradoxalement, ce sentiment de capitulation vous donnera la force d'arriver à vos SIPs et vous aidera à combattre la peur.

Être disposé à capituler, c'est être sans peur. La décision de capituler est en fait très courageuse, car c'est être conscient de sa capacité à gérer psychologiquement toutes les possibilités. Pour gagner, il faut être prêt à perdre.

> « *Gardez le calme et la quiétude au sein de votre esprit*
> *face à un million d'univers.* »
> *– Walt Whitman*

La Flèche du Temps Illusoire

*« La distinction entre passé, présent et futur
n'est qu'une illusion, aussi tenace soit-elle. »*
– *Albert Einstein*

La théorie de la relativité d'Einstein suggère que le temps n'est qu'une illusion. La ligne droite que l'on perçoit et qui relie un événement se passant après un autre n'est pas réelle. Cette théorie suggère à l'inverse que tout se passe *dans l'ordre* ainsi que simultanément. Ce n'est pas du tout ce que nous observons au cours de notre vie ; notre cerveau fabrique alors cette perception linéaire du temps pour nous faciliter la tâche. Une fois de plus, le fonctionnement du cerveau semble se rapprocher beaucoup de celui d'un ordinateur, programmé pour créer des illusions percevables et compréhensibles. Admettons que nous acceptons cette image déformée du temps, comment cela nous aiderait-il vraiment à atteindre nos buts ? Comment ce savoir nous aidera-t-il à atteindre notre Monde Parallèle Idéal ? Voici en quoi cela concerne la Mentalité MPI :

Acceptez un moment l'idée que la chronologie que l'on vit n'est qu'une illusion ; acceptez cette idée et rejetez l'idée que les causes entraînent des effets. Si le temps peut aller dans deux directions, les effets peuvent précéder les causes aussi souvent que l'inverse. Dans le cadre d'une vision du temps linéaire, vous vous sentirez bien après avoir atteint un but ; dans le cadre d'une vision non-linéaire, il est nécessaire de se sentir bien pour pouvoir atteindre ce but.

Paradigme Classique :
But Atteint (cause) → Sensation de Joie (effet)

Nouveau *Paradigme :*
Sensation de Joie (effet) → But Atteint (cause)

Cela correspond tout-à-fait à ce que vous faites lorsque vous *Voyez le Futur – Êtes le Futur* - vous vous mettez dans l'état d'esprit de votre arrivé dans votre Monde Parallèle Idéal afin d'y parvenir.

La conséquence majeure de la vision non-linéaire du temps, c'est qu'atteindre votre but ne doit pas être ce qui vous fait ressentir un flot d'émotions positives et stimulantes ; c'est plutôt ce flot d'émotions qui vous permettra d'arriver à votre but. L'effet précède la cause. « Le succès ne mène pas au bonheur, c'est le bonheur qui mène au succès. » Oui, le succès peut amener au bonheur – le Nouveau Paradigme ne sous-entend pas que le Paradigme Classique soit tout simplement inversé et que le temps s'écoule en sens inverse, ou que les effets précèdent *systématiquement* les causes –, c'est simplement que le temps peut aller dans les deux directions et que cela peut changer ; il n'est pas constant. Cette nouvelle méthode de perception du temps stipule que l'ordre dans lequel les causes et les effets apparaissent est variable.

Paradigme Classique :

Gagner un Million d'Euros (cause) → *Sensation de Joie (effet)*

Nouveau *Paradigme :*

Sensation de Joie (effet) → *Gagner un Million d'Euros (cause)*

Cette rectification n'a rien de majeure et si vous avez suivi le reste des enseignements de ce livre, vous appliquez d'ores et déjà la vision multidirectionnelle du temps dans votre vie – mais vous n'en avez peut-être pas encore conscience. Si vous avez déjà traité quelqu'un avec amour dans l'espoir que cette personne vous aime en retour, alors vous avez mis en pratique l'approche *effet* → *cause*. Dans cet exemple, vous n'avez pas attendu qu'elle vous aime pour l'aimer – vous avez commencé là où vous vouliez arriver. À d'autres occasions, vous avez peut-être été timide et hésitant(e) en amour, ou réservé(e) dans l'expression de votre amour et il en a résulté que votre partenaire était également réservé(e) et timide, ce qui mena à un cycle de réduction de l'intimité de votre relation, voire à une dérive vers l'absence totale d'intimité – la fameuse *friend zone*. Voir l'effet avant la cause, c'est exactement ce que nous faisons lorsque nous poursuivons un but en gardant l'objectif en tête. Les domaines dans lesquels nous connaissons le plus grand succès sont ceux dans lesquels nous appliquons au mieux cette technique. Nous visualisons cet objectif et nous connaissons exactement nos intentions ; cela facilite grandement la création consciente et subconsciente, et cela nous permet de concevoir avec certitude et facilité. On prend facilement cette aptitude pour acquise.

Voilà en quoi consiste le procédé d'effet *puis* cause et bien qu'à première vue, considérer le temps comme une illusion puisse sembler excessif, d'une certaine façon, vous le faites déjà. Continuez sur cette voie dans autant de domaines que possible. Pour recevoir la paix, agissez calmement ; pour faire des connaissances, soyez amical ; pour trouver du soutien, soyez encourageant ; pour être compris, soyez compréhensif ; pour devenir patron, pensez comme le patron ; pour devenir chef, habillez-vous, pensez, agissez et rusez comme le chef.

Ce qui est important ici, c'est de reconnaître le paradigme du temps en tant qu'illusion, et de réaliser que régler votre état émotionnel actuel pour qu'il corresponde à votre état au moment où vous aurez atteint la victoire, est une partie intégrante du chemin qui mène à la victoire. Si vous vous attardez sur les expressions courantes telles que *penser comme un gagnant* ou *jouer pour gagner*, vous pourrez trouver à l'œuvre de nombreuses références anecdotiques à ce paradigme.

Voyez le Futur – Soyez le Futur !

L'Illusion du Temps et la Création de Réalité

Nous créons cette *réalité* dans le monde physique à l'aide de nos émotions, de notre énergie et de nos pensées. La raison pour laquelle nous ne pouvons habituellement pas déchiffrer ce procédé est que nous pensions jusque-là que les causes entraînaient les effets, et non l'inverse. En nous concentrant sur l'effet, qui est la façon dont nous nous sentons, nous pouvons produire la cause, notre Monde Parallèle Idéal.

Vous Êtes en train de Rêver

Ce soir, vous plongerez dans le sommeil paradoxal et un rêve commencera. Vous êtes dans une boîte. Vous dansez au milieu d'une piste de danse enfumée, mangeant une gaufre bleue, tout en essayant de terminer un projet pour votre patron, qui lui n'est autre qu'un lion furieux. Vous finissez la gaufre, vous réussissez à vous éclipser de la boîte de nuit, vous évitez l'attaque du lion et vous trouvez un coin tranquille. Vous ramassez un livre que vous commencez à lire. Sur la première page, il est écrit en gras « VOUS ÊTES EN TRAIN DE RÊVER », vous regardez la page suivante sur laquelle est inscrit également « VOUS ÊTES EN TRAIN DE RÊVER. » Sur chaque page du livre, il n'y a que « VOUS ÊTES EN TRAIN DE RÊVER. » Croyez-vous ce livre ?

Si vous **ne le croyez pas**, vous êtes condamné à continuer à vivre une vie qui vous fait danser tout à coup sans prévenir, qui vous présente des gaufres bleues que vous ne pouvez pas savourer pleinement, et qui vous oblige à guetter sans cesse les dents du lion. C'est une vie convenable – nous avons de la chance qu'elle fasse partie des choix qui s'offrent à nous, il existe bien pire.

Si vous **croyez** le livre, vous avez alors la chance de pouvoir devenir un des personnages clés de ce monde de rêve. Étant conscient de l'illusion au travail, vous pouvez progressivement apprendre à tirer parti du pouvoir de vos pensées et à atteindre graduellement une réalité où les chances de voir vos pensées se concrétiser abondent. C'est la force de penser *Je suis...*, pour ensuite voir le monde se plier à cette volonté et créer une structure qui correspond à votre perception catégorique de ce qui sera, ce que doit être votre destinée.

n'est qu'illusion, et agit en conséquence.

Le Bouddha « L'homme sage reconnaît que le monde n'est
lusion, et agit en conséquence. » – Le Bouddha « L'hom
me sage reconnaît que le monde n'est qu'illusion, et agit en
agit en conséquence. » – Le Bouddha « L'homme sage recon
que le monde n'est qu'illusion, et agit en conséquence. » – L
ence. » – Le Bouddha « L'homme sage reconnaît que le mor
naît que le monde n'est qu'illusion, et agit en conséquence.
séquence. » – Le Bouddha « L'homme sage reconnaît que l
me sage reconnaît que le monde n'est qu'illusion, et agit e
n conséquence. » – Le Bouddha « L'homme sage reconnaît
aît que le monde n'est qu'illusion, et agit en conséquence. »
– Le Bouddha « L'homme sage reconnaît que le monde n'e
monde n'est qu'illusion, et agit en conséquence. » – Le Bou
– Le Bouddha « L'homme sage reconnaît que le monde n'
de n'est qu'illusion, et agit en conséquence. » – Le Boud
L'homme sage reconnaît que le monde n'est qu'illusion, et
et agit en conséquence. » – Le Bouddha « L'homme sage rec
omme sage reconnaît que le monde n'est qu'illusion, et agi
ion, et agit en conséquence. » – Le Bouddha « L'homme s
reconnaît que le monde n'est qu'illusion, et agit en conséque
git en conséquence. » – Le Bouddha « L'homme sage reconr
naît que le monde n'est qu'illusion, et agit en conséquence. »
Le Bouddha « L'homme sage reconnaît que le monde n'est qu
et agit en conséquence. » – Le Bouddha « L'homme sage re
age reconnaît que le monde n'est qu'illusion, et agit en consé
. » – Le Bouddha « L'homme sage reconnaît que le monde
st qu'illusion, et agit en conséquence. » – Le Bouddha « L'
L'homme sage reconnaît que le monde n'est qu'illusion, et
en conséquence. » – Le Bouddha « L'homme sage reconnaî
monde n'est qu'illusion, et agit en conséq

aît que le monde n'est qu'illusion, et agit en conséquence. » – Le Bouddha « L'homme sage reconnaît que le monde n'est qu'illusion, et agit en conséquence. » – Le Bouddha « L'homme sage reconnaît que le monde n'est qu'illusion, et agit en conséquence. » – Le Bouddha « L'homme sage reconnaît que le monde n'est qu'illusion, et agit en conséquence. » – Le Bouddha « L'homme sage reconnaît que le monde n'est qu'illusion, et agit en conséquence. » – Le Bouddha « L'homme sage reconnaît que le monde n'est qu'illusion, et agit en conséquence. » – Le Bouddha « L'homme sage reconnaît que le monde n'est qu'illusion, et agit en conséquence. » – Le Bouddha « L'homme sage reconnaît que le monde n'est qu'illusion, et agit en conséquence. » – Le Bouddha « L'homme sage reconnaît que le monde n'est qu'illusion, et agit en conséquence. » – Le Bouddha « L'homme sage reconnaît que le monde n'est qu'illusion, et agit en conséquence. » – Le Bouddha « L'homme sage reconnaît que le monde n'est qu'illusion, et agit en conséquence. » – Le Bouddha « L'homme sage reconnaît que le monde n'est qu'illusion, et agit en conséquence. » – Le Bouddha « L'homme sage reconnaît que le monde n'est qu'illusion, et agit en conséquence. » – Le Bouddha « L'homme sage reconnaît que le monde n'est qu'illusion, et agit en conséquence. » – Le Bouddha « L'homme sage reconnaît que le monde n'est qu'illusion, et agit en conséquence. » – Le Bouddha « L'homme sage reconnaît que le monde n'est qu'illusion, et agit en conséquence. » – Le Bouddha « L'homme sage reconnaît que le monde n'est qu'illusion, et agit en conséquence. » – Le Bouddha « L'homme sage reconnaît que le monde n'est qu'illusion, et agit en conséquence. » – Le Bouddha « L'homme sage reconnaît que le monde n'est qu'illus

Très peu d'entre nous, en plein milieu de ce rêve, croiront le livre – et c'est fort bien ainsi, étant donné que simplement considérer un instant que la réalité est une illusion constitue une graine suffisante. Le simple fait de lire la page représente une inception de l'idée qui s'y trouve inscrite. Lire ce livre, en tant que son co-créateur, est l'équivalent de pirater votre propre esprit et d'y semer la graine de l'idée que le monde est un hologramme, une illusion ; le simple fait de lire les pages de ce livre vous rend plus conscient et plus puissant après qu'avant la lecture, plus conscient et plus puissant que vous ne l'avez jamais été. À cet instant précis, vous êtes plus puissant que vous ne l'avez jamais été.

Le problème lorsque l'on perce le secret de l'illusion du rêve est que ce même cerveau qui crée ce rêve crée également la logique et les preuves qui tentent tant bien que mal d'annuler cette réalisation nouvelle. Le rêve lucide et la vie lucide fonctionnent rarement dès la première tentative ; tout comme plusieurs nuits sont nécessaires pour maîtriser le rêve lucide, maîtriser l'illumination – c'est-à-dire la vie lucide – peut prendre une existence toute entière.

Nous avons établi qu'une des diverses raisons pour lesquelles vous pourriez avoir des difficultés à identifier ce rêve, est que vous êtes habitué à croire que les causes provoquent les effets, mais jamais l'inverse. Souvenez-vous que cette nouvelle idée qui stipule que les effets peuvent entraîner des causes est partie intégrante de la Mentalité MPI :

Émotions/Pensées → Réalité Physique

Envisagez le cas de figure suivant : Dans un rêve, vos pensées *subconscientes* construisent le rêve, puisque votre conscience est essentiellement sous sédatif. Est-ce alors vraiment étonnant que lorsque vous êtes éveillé, dans la réalité consciente, ce soit l'inverse qui se produise ? C'est-à-dire que vos pensées *conscientes* et vos émotions fabriquent le monde physique (la conscience communiquant avec le subconscient), à un rythme simplement moins soutenu ?

Effet (Se Sentir *Comme si*, Bonheur, Confiance)

↓

Cause (Atteindre son But)

J'admets vous éloigner bien loin du bord (voire même, de là où vous avez pied) avec ces théories ; tenez bon, on continue vers le large. En nous penchant sur l'Univers Holographique, il faut aussi considérer chacune de nos réalités comme entièrement sub-jective ; nous existons au sein de notre propre esprit, considérant la réalité depuis notre perspective unique, dans un monde où nous sommes essentiellement seuls. En un sens, toute autre personne ou organisme, toute plante, est une manifestation de notre propre conscience. La meilleure analogie pour expliquer cela est de le comparer à la situation dans laquelle nous nous trouvons lorsque nous rêvons – dans un rêve (nocturne), il y a de nombreux autres personnages avec lesquels on peut interagir, alors qu'ils ne sont en fin de compte que des manifestations de nous-mêmes – des fruits de notre imagination –, puisque leur expérience tout entière se produit dans notre tête. Les personnages de nos rêves représentent des personnages distincts de nous-mêmes, mais n'en sont pas moins des représentations générées pas notre propre conscience. Il en va de même pour le monde physique, à l'exception de sa structure qui est plus dense que celle du monde des rêves. La capacité de manipuler le monde physique existe vraiment, mais la façon de le manipuler est différente de la façon de manipuler un rêve car les résultats de cette manipulation sont retardés et semblent inversés (effet avant cause, conscience avant subconscient) ; c'est-à-dire que le monde réel interagit également directement avec vos pensées, bien que cela puisse prendre plus de temps que dans un rêve lucide.

Maintenant, avant de prendre tout ça au pied de la lettre, calmez-vous, prenez une profonde inspiration et rhabillez-vous. L'idée que cette réalité est un rêve nous arrive dans un état de superposition. Le Paradigme selon lequel vos pensées, vos émotions et votre conscience créent votre réalité est cependant essentiel pour que vous puissiez progresser vers votre Monde Parallèle Idéal.

Kevin L. Michel

CHRONOLOGIE DU SUCCÈS

La particule quantique en superposition qui vous permet de diviser la réalité se trouve dans votre propre conscience. Lorsque vous prenez conscience de l'image dans laquelle vous vous trouvez, que vous inspirez et que vous faites le point sur votre vie à cet instant, à ce moment précis, une infinité de décisions sur la manière de procéder par la suite s'offre à vous. Cet instant de prise de conscience, ce moment de décision consciente, cet instant de Mentalité MPI, est l'instant où l'univers se divise et à partir duquel vous commencez à vous diriger vers votre destinée.

Michael Jordan a un jour déclaré que lorsqu'il est au sommet de sa forme, la défense adverse semble fonctionner au ralenti et il est capable de créer des opportunités de marquer plus facilement ; c'est le changement de perception qui se produit lorsque nous sommes davantage conscients de notre environnement et que nous nous focalisons sur notre Monde Parallèle Idéal. À chaque moment de prise de conscience, le monde ralentit et nous sommes capables de percevoir plus d'images par seconde, par minute et par heure. Par définition, se concentrer, c'est percevoir plus de détails à travers une fenêtre plus réduite – votre Monde Parallèle Idéal devient cette fenêtre étroite et grâce à votre concentration, vous pourrez disposez d'une attention accrue de tous les moments.

À présent, voici la réponse la plus claire que vous recevrez pour préciser et atteindre vos objectifs dans un délai donné ; une réponse claire à la question : « Combien de temps cela me prendra-t-il pour atteindre mon MPI ? » Comme vous allez le voir, cette réponse, bien que plus claire que la majorité des autres réponses à cette question, sera une maigre consolation pour bon nombre d'entre vous. La voici : Tout MPI que vous pouvez imaginer peut être atteint à l'instant où vous l'imaginez ; ceci dit, plus l'écart entre votre ambition et votre situation actuelle sera grand, et moins la probabilité d'atteindre votre MPI instantanément sera élevée. En d'autres termes, arriver instantanément à votre but fait partie de l'onde de possibilités de votre vie ; cette éventualité reste tout de même moins probable que celle d'avoir à effectuer une série d'approximations (*SIPs*) pour cibler progressivement votre objectif, une image à la fois, jusqu'à votre Monde Parallèle Idéal. Tout cela pour dire que le temps est votre ami dans votre quête pour dévier la ligne de votre vie, pour l'éloigner de votre chemin actuel. Une particule peut exister où l'on s'attendrait à la trouver, tout comme elle peut se trouver à n'importe quel autre endroit de l'univers physique ; mais à chaque distance correspond une certaine probabilité. La particule aura plus de chances de se trouver dans un rayon d'un mètre autour de l'emplacement où l'on s'attend à la trouver que dans un rayon de cent mètres. Chaque fois que vous êtes conscient, vous déplacez les éléments au sein de votre image de façon à vous rapprocher de votre MPI, et de cette façon, la probabilité d'atteindre instantanément votre MPI lors de votre prochain cliché augmente. Plus vous serez près de votre MPI, plus la probabilité de l'atteindre instantanément sera élevée.

Il est nécessaire de modifier les images physiques de sa vie pour augmenter ses chances de succès. Augmenter la vitesse avec laquelle vous passez d'une image de votre vie à la suivante renforce les compétences apprises lors du deuxième Pilier de ce livre. Par exemple, en augmentant l'influence que vous avez sur votre subconscient par le biais de l'*auto-suggestion* et de l'*auto-hypnose*, vous pouvez accélérer votre progression à travers les images ; en travaillant sur votre capacité à montrer de la gratitude et à ressentir de l'amour dans le cadre de la Mentalité MPI, vous aurez plus d'énergie disponible pour être conscient et pour manipuler un plus grand nombre d'images en un laps de temps plus court. Plus vous manipulez activement d'images dans lesquelles vos pensées correspondent à votre MPI, moins il vous faudra d'images pour atteindre votre Monde Parallèle Idéal. Être conscient de votre personne tout entière, au-delà de votre ego (c'est-à-dire de votre *conscience*) c'est atteindre l'illumination – un état de conscience accrue qui permet de voir plus d'images par seconde, par minute, par heure et donc de naviguer à travers ces images plus rapidement que vous ne l'avez jamais fait auparavant. Avoir un objectif et une mission dans la vie est une forme de prise de conscience de chaque instant ; cela vous connecte à votre *vous supérieur* et cela vous donne accès à votre subconscient. La conscience de soi développe la rapidité et rend le succès inévitable.

Le subconscient décide comment faire s'effondrer la fonction d'onde de façon à aboutir à une seule et même réalité objective. Il transparaît rarement dans votre Monde Parallèle Idéal en même temps car il s'occupe également des probabilités et des possibilités de votre image actuelle. Si vous vous trouvez sur Mars sans combinaison spatiale et sans bouteilles d'oxygène, l'ensemble des probabilités avec lesquelles votre subconscient devra travailler pour essayer de vous garder en vie sera fort limité et vous allez vers une mort quasi-certaine – le subconscient n'est pas un générateur de miracles, mais plutôt un processeur extrêmement puissant ; Un processeur plus de deux mille fois plus compétent en traitement d'informations et **plus de vingt fois** meilleur stratège ainsi que plus performant en calcul de variables que votre conscience. Comme vous pouvez l'imaginer, utiliser un ordinateur tellement supérieur et tellement plus puissant que votre conscience vous donnera, en comparaison, l'impression de réaliser des miracles. Vous commencerez alors à vous sentir tout-puissant et le processus de création d'un monde physique à votre goût semblera soudain fort simple.

> Rappelez-vous :
>
> *« L'endroit où vous êtes aujourd'hui découle de toutes vos pensées passées ; plus vous tarderez à reconnaître la responsabilité de vos pensées, plus la route vers votre MPI sera longue. »*

Il ne s'agit pas là de magie – bien que ce procédé soit quelque peu magique. Tout ce que vous avez lu dans ce livre a pour but de créer un changement de paradigme dans votre esprit ; il a pour but de vous permettre de voir le monde différemment et de voir la réalité actuelle comme l'illusion qu'elle est de fait. Vous êtes en effet entouré de possibilités et de probabilités à l'intérieur de cette onde de probabilités, mais l'application des Deux Piliers vous permet de faire s'effondrer cette onde de probabilités de façon à pouvoir saisir les possibilités idéales.

Merci de m'avoir permis de créer cet ouvrage,
mon premier livre ☺.

N'hésitez pas à m'envoyer vos questions, vos commentaires,
vos réactions par e-mail à l'adresse suivante :

KevinLMichel@Gmail.com

Bonne chance à vous !

Voyager à Travers les Mondes Parallèles
pour Atteindre vos Rêves

BIBLIOGRAPHIE

1. Og Mandino (1968). The Greatest Salesman in The World.

2. Napoleon Hill (1928). The Law of Success, Lesson 4,
The Habit of Saving.

3. Hugh Everett III, (1956). Thesis : Theory of the Universal Wavefunction. Princeton University.

4. The Matrix Reloaded (2003).
The Wachowski Brothers (Screenplay).

5. Neville Goddard, N. (1944). Feeling Is The Secret.

6. Rhonda Byrne (2010). The Power.

7. Alex Lickerman, M. D. The Undefeated Mind : On the Science of Constructing an Indestructible Self.

8. Neville Goddard (1941). Your Faith is Your Fortune.

9. Norman Doidge, M.D. (2007) The Brain That Changes Itself : Stories of Personal Triumph from the Frontiers of Brain Science.

10. Napoleon Hill (1928). The Law of Success in Sixteen Lessons.

11. Deepak Chopra (2010). The Soul of Leadership.

12. Caroline Myss PH.D (1996). Anatomy of The Spirit.

13. Rhonda Byrne (2006) The Secret.

14. Christopher Nolan (2010). Inception (Screenplay).

15. Gould E., Tanapat P., McEwen B.S., Flugge G., Fuchs E. (1998). « Proliferation of Granule Cell Precursors in the Dentate Gyrus of Adult Monkeys is Diminished by Stress ».

16. Abraham Hicks(2013). Live Seminars. Law of Attraction.

17. Champagne, FA ; Curley, JP (2005). « How Social Experiences Influence the Brain ». Current opinion in neurobiology 15 (6) : 704–9. doi:10.1016/j.conb.2005.10.001. PMID 16260130.

18. Gary Zukav (1989). The Seat of The Soul.

19. The Many-Worlds Interpretation of Quantum Mechanics, edited by Bryce S. DeWitt and Neill Graham (1973).

Princeton University Press.

20. David Deutsch (1997). The Fabric of Reality.

21. Science and Ultimate Reality : Quantum Theory, Cosmology, and Complexity (2004). Edited by John D. Barrow, Paul C. W. Davies and Charles L. Harper, Jr. Cambridge University Press.

22. J. A. Barrett (2001). The Quantum Mechanics of Minds and Worlds. Oxford University Press.

23. S. Saunders, J. Barrett, A. Kent and D. Wallace (ed.) (2010). Many Worlds ? Everett, Quantum Theory, and Reality.

Oxford University Press.

24. Larousse.fr, consulté le 30 Juin 2014, http://www.larousse.fr/ dictionnaires/francais/épigenèse/30402.

25. Futura-Sciences.com, consulté le 30 Juin 2014, http://www. futura-sciences.com/magazines/sante/infos/dico/d/genetique-epigenetique-136/.

26. Cai, et al. (2006). Postreactivation Glucocorticoids impair recall of established fear memory. Journal of Neuroscience. 26(37):9560-9566.

27. Gould E., Tanapat P., McEwen B.S., Flugge G., Fuchs E. (1998). « Proliferation of granule cell precursors in the dentate gyrus of adult monkeys is diminished by stress ».

28. Stancampiano R., Cocco S., Cugusi C., Sarais L., Fadda F.

« Serotonin and acetylcholine release response in the rat hippocampus during a spatial memory task ». Neuroscience. 1999;89(4):1135-43. Department of Biochemistry and Human Physiology, University of Cagliari, Italy.

29. Jacobs,T.L., et al., Intensive meditation training, immune cell telomerase activity, and psychological mediators. Psychoneuroendocrinology (2010).

30. Stuart Wilde. The Force.

31. Alan Watts. You're It : On Hiding, Seeking and Being Found.

32. Judy Willis (2009). How to Teach Students About the Brain, Educational Leadership, 67(4).

33. Nature 477, 23-25 (2011) doi:10.1038/477023a.

34. Xiao-song Ma, et.al. Experimental delayed-choice entanglement swapping. Nature Physics 8, 479–484 (2012) doi:10.1038/nphys2294.

35. Fichier: Two-Slit Experiment Particles.svg, http://commons. wikimedia.org/wiki/File:Two-Slit_Experiment_Particles.svg, By inductiveload (Own work (Own drawing)) [Public domain], via Wikimedia Commons.

36. Champagne, F.A. ; Curley, J.P. (2005). « How social experiences influence the brain ». Current opinion in neurobiology 15 (6): 704–9. doi:10.1016/j.conb.2005.10.001. PMID 16260130.

37. Skyrms, B., (1976) « Possible Worlds, Physics and Metaphysics », Philosophical Studies 30, 323-332.

38. Hartle, J. B., (1968) « Quantum Mechanics of Individual Systems », American Journal of Physics 36, 704-712.

39. Graham, N., (1973) « The Measurement of Relative Frequency », in De Witt and N. Graham (eds.) The Many-Words Interpretation of

Quantum Mechanics, Princeton NJ: Princeton University Press.

40. Gell-Mann, M., and Hartle, J. B., (1990) « Quantum Mechanics in the Light of Quantum Cosmology », in W. H. Zurek (ed.), Complexity, Entropy and the Physics of Information, Reading: Addison-Wesley, pp. 425-459.

41. Gleason, A. M., (1957) « Measures on the Closed Subspaces of Hilbert Space », Journal of Mathematics and Mechanics 6, 885-894.

42. Albert, D., (1992) Quantum Mechanics and Experience, Cambridge, MA : Harvard University Press.

43. Albert, D., and Loewer, B. (1988) « Interpreting the Many Worlds Interpretation », Synthese 77, 195-213.

44. O'Connell, A. D. et al. Nature doi:10.1038/nature08967 (2010).

45. DiCarlo, L. et al. Nature Advance online publication doi:10.1038/nature08121 (2009).

46. Wan, L., Friedman, B. H., Boutrous, N. N., Crawford, H. J. (2008). P50 Sensory Gating and Attentional Performance. International Journal of Psychophysiology, 67: 91-100.

Kevin L. Michel

Kevin L. Michel

Rien ne sert de pousser vos proches à adopter les idées de ce livre. Appliquez-les plutôt soigneusement, et le succès vous sourira sans tarder. Alors, lorsqu'ils vous demanderont votre secret, offrez-leur un exemplaire de ce livre.

Les clés de la réussite sont à vous, partagez-les avec ceux que vous aimez.

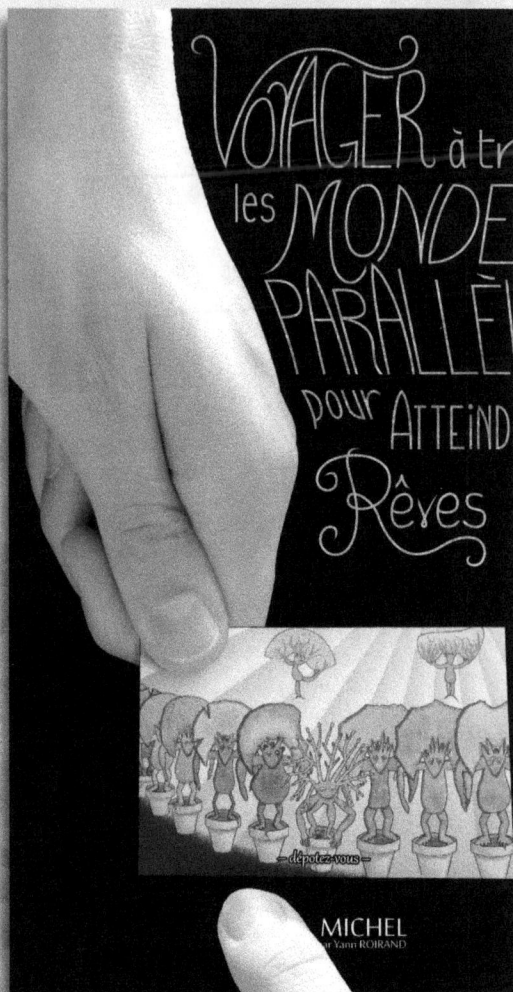

Voyager à travers les MONDES PARALLÈLES pour Atteindre vos Rêves

Disponible en ligne en version imprimée
et au format eBook pour tous appareils,
chez tous les grands distributeurs.